OBRIGAÇÕES

LUIS FERNANDO RABELO CHACON

OBRIGAÇÕES

Direito Civil

EDITORA
IDEIAS &
LETRAS

DIRETOR EDITORIAL:
Marcelo C. Araújo

CONSELHO EDITORIAL:
Avelino Grassi
Edvaldo Araújo
Márcio Fabri

COPIDESQUE:
Leila Cristina Dinis Fernandes

REVISÃO:
Ana Lúcia de Castro Leite
Benedita Cristina G. N. da Silva

DIAGRAMAÇÃO:
Mauricio Pereira

CAPA:
Alfredo Castillo

© Editora Ideias & Letras, 2017

2ª impressão

Rua Barão de Itapetininga, 274
República - São Paulo/SP
Cep: 01042-000 – (11) 3862-4831
Televendas: 0800 777 6004
vendas@ideiaseletras.com.br
www.ideiaseletras.com.br

Dados Internacionais de Catalogação na Publicação (CIP)
(Câmara Brasileira do Livro, SP, Brasil)

Chacon, Luis Fernando Rabelo
Obrigações: direito civil / Luis Fernando Rabelo Chacon.

São Paulo: Ideias & Letras, 2013.
(Coleção temas de direito)

Bibliografia

ISBN 978-85-65893-29-9

1. Obrigações (Direito) I. Título. II. Série.

13-02865   CDU-347.4

Índices para catálogo sistemático:

1. Direito das obrigações: Direito civil 347.4

PREFÁCIO

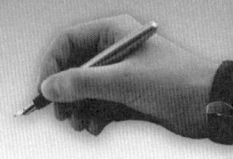

Este livro tem como objetivo ensinar o aluno de direito a compreender os diversos conceitos e institutos de um dos temas mais importantes para o ordenamento jurídico: a teoria geral das obrigações.

Considerando que o Direito Civil sistematiza, organiza e regulamenta os temas que circundam as pessoas, os fatos e os bens (estudados na parte geral do direito civil), podemos concluir que ele é de suma importância para nosso ordenamento jurídico.

No mesmo sentido, sabemos que o direito das obrigações está presente no direito civil tanto quanto no direito do trabalho, no tributário, societário e em tantas outras áreas nas quais se regula a posição de credor e devedor e as regras de cumprimento de direitos e deveres.

Assim, dar importância à teoria geral das obrigações é reconhecer que seus institutos serão utilizados nas relações contratuais, de consumo, trabalhistas, tributárias e até mesmo nos contratos com a administração pública, estes últimos regulamentados pelo direito administrativo. Sempre que houver a posição de credor e de devedor, estará lá o estudo da teoria geral das obrigações.

Isso torna o tema importante para o aluno de direito, que o utilizará nas diversas outras disciplinas que ainda estudará na faculdade, tanto quanto para o profissional do direito que sempre se utilizará dos institutos estudados neste livro, qualquer que seja seu ramo de atuação.

O livro é suficientemente claro para o aprendizado do aluno de direito, contendo resumos, citação de artigos do Código Civil e até mesmo a transcrição de questões do Exame da Ordem dos Advogados do Brasil.

Ao mesmo tempo o livro é suficientemente profundo e detalhado para o profissional que precisa de uma consulta rápida e pontual, utilizando-se de citações da melhor doutrina, inclusive, de autores clássicos e de autores alinhados com o novo sistema do Código Civil de 2002.

Boa leitura.

O autor.

DEDICATÓRIA

Dedico esta edição especialmente a dois grupos importantes em minha vida: minha família, em especial, minha querida Ana Paula, e meus alunos. Um grupo mantém firme o propósito de vida dos professores e o outro grupo reafirma esse mesmo propósito, qual seja aprender e ensinar.

Enquanto está com os alunos, o professor sente a distância da família, seja nas horas das aulas, nas horas de preparação de aulas e de avaliações e suas devidas correções. Dedicar-se aos alunos é, também, abrir mão de um pedaço do convívio familiar. Escrever um livro nos faz lembrar exatamente isso – dedicar-se aos alunos. Porém, fala mais alto nesse momento o propósito de aprender e ensinar.

Por isso, quero também registrar meu apreço por todos os professores com as seguintes palavras: todo professor tem algo a ensinar. Gosto sempre de lembrar que todo professor dedica algo muito precioso aos alunos: o tempo em primeiro lugar, o conhecimento em segundo e o mais importante, em terceiro, sua atenção aos alunos. Eu amo ser professor e tenho uma admiração plena por quem se dedica a esse ofício!

O autor.

SUMÁRIO

CONCEITOS INICIAIS 11
1. Aplicabilidade do direito das obrigações 14
2. Conceito de obrigação 16
3. Estrutura da relação obrigacional 20
4. Obrigações naturais 27
5. Fontes das obrigações 32

MODALIDADES 37
1. Dos conceitos das classes de obrigações 37
2. Outras modalidades das obrigações 41
3. Estudo das várias modalidades conforme o Código Civil 48
   3.1. Obrigação de dar 48
   3.2. Obrigação de fazer 56
   3.3. Obrigação de não fazer 60
   3.4. Obrigação alternativa 63
   3.5. Obrigações divisíveis e indivisíveis 67
   3.6. Obrigações solidárias 74

TRANSMISSÃO 89
1. Cessão de crédito 90
2. Assunção de dívida 96

ADIMPLEMENTO E PAGAMENTO 101
1. Princípio da pontualidade 102
2. Natureza jurídica do pagamento 105
3. Requisitos do pagamento 107
4. Quem deve pagar ou quem pode pagar 109
5. A quem se deve pagar 114

6. Objeto do pagamento 118
7. Prova do pagamento 124
8. Lugar do pagamento 128
9. Tempo do pagamento 130

OUTRAS FORMAS DE ADIMPLEMENTO 137
1. Dação em pagamento 137
2. Consignação em pagamento 140
3. Sub-rogação 143
4. Imputação do pagamento 147
5. Novação 149
6. Compensação 155
7. Confusão 158
8. Remissão 160

INADIMPLEMENTO E INEXECUÇÃO 165
1. Inadimplemento absoluto 167
2. Inadimplemento fortuito 170
3. Inadimplemento relativo e mora 173
4. Perdas e danos 180
5. Juros e correção 185
6. Cláusula penal 188

REFERÊNCIAS BIBLIOGRÁFICAS 197

CONCEITOS INICIAIS

Segundo Orlando Gomes, no direito civil, destacado do direito de família, das sucessões e das coisas, está o Direito das Obrigações, na parte relativa aos vínculos jurídicos que, de natureza patrimonial, se formam entre sujeitos determinados para a satisfação de interesses tutelados pela lei, tratando dos direitos pessoais em oposição aos direitos reais.[1]

Para Carlos Roberto Gonçalves, o direito das obrigações tem por objeto determinadas relações jurídicas que alguns denominam direitos de crédito e outros chamam de direitos pessoais ou obrigacionais.[2]

Os mestres baianos, em sua nova coleção sobre Direito Civil, sistematizam que a relação jurídica obrigacional não é integrada por qualquer espécie de direito subjetivo, mas somente os de conteúdo econômico passível de circulação jurídica, descartando, por exemplo, os direitos da personalidade.[3]

Sendo assim, podemos dizer que teremos como estudo nesta obra uma disciplina extremamente ligada com a vida diária das pessoas físicas ou jurídicas que convivem no meio social, relacionando-se através de atos, fatos e negócios jurídicos, mais ou menos complexos.

As obrigações decorrentes do direito de família, de sucessões ou do direito das coisas, no que diz respeito aos direitos

---

[1] GOMES, O. *Obrigações*. 16 ed. Rio de Janeiro: Forense, 2004, p. 5.

[2] GONÇALVES, Carlos Roberto. *Direito civil brasileiro*. V. II. Teoria geral das obrigações. São Paulo: Saraiva, 2004, p. 1.

[3] GAGLIANO, Pablo Stolze; PAMPLONA Filho, Rodolfo. *Novo curso de direito civil*. Obrigações. 3 ed. São Paulo: Saraiva, 2003, p. 4.

reais, ou ainda do direito empresarial, todas também aplicadas no Código Civil, estarão fora deste estudo, pois tratadas em outras disciplinas, de maneira mais específica. Mesmo que os conceitos aqui estudados sejam essenciais para aqueles novos aprendizados, sabemos que lá se estudam as regras específicas dos vínculos obrigacionais e, aqui, a teoria geral das obrigações.

Inclusive, onde se incluem as obrigações *propter rem*, ou seja, aquelas que acompanham a coisa independentemente do sujeito ativo que naquele momento exerce domínio sobre as mesmas, como acontece com a obrigação de pagar tributos sobre a coisa ou a obrigação de quitar débitos de condomínio existente sobre o imóvel. Nestes casos, a obrigação é híbrida, nem de direito real, nem de direito pessoal, acompanha a coisa, é ambulante.

Sem prejuízo dessa visão, há outra na doutrina, agregadora de todas as obrigações, inclusive percebendo que cada qual com sua peculiaridade, até mesmo as obrigações de direito de família, por exemplo, teria como base compreensiva o direito das obrigações. Esse é o pensamento de Luis Renato Ferreira da Silva:

> O direito das obrigações, muito embora esteja em um livro da Parte Especial, atua, no sistema do Código Civil, como um ramo geral ao qual se conectam várias outras partes, estas sim, especiais do Código. Percebe-se isso em vários momentos nos quais as regras obrigacionais imiscuem-se com as regras de direito de família (no óbvio exemplo da obrigação alimentar, ou, nos não tão óbvios deveres não patrimoniais existentes entre cônjuges, cuja natureza obrigacional enseja alguma discussão); com as regras sucessórias (seja pela norma geral segundo a qual as obrigações transmitem-se aos herdeiros, seja por conta de obrigações dos testamenteiros, dos fideicomissários, entre outras); com os próprios direitos reais (quando se cogita da obrigação *prop-*

ter rem, ou das obrigações decorrentes das relações de vizinhança), para não falar no direito de empresa (verdadeiramente um grande corpo de relações obrigacionais com propósitos organizacionais específicos).[4]

Vejamos como caiu:

> Exame da OAB 2010.2 – Assinale a alternativa que contemple exclusivamente obrigação *propter rem*:
> (a) a obrigação de indenizar decorrente da aluvião e aquela decorrente da avulsão;
> (b) a hipoteca e o dever de pagar as cotas condominiais;
> (c) o dever que tem o servidor da posse de exercer o desforço possessório e o dever de pagar as cotas condominiais;
> (d) a obrigação que tem o proprietário de um terreno de indenizar o terceiro que, de boa-fé, erigiu benfeitorias sobre o mesmo.
> Resposta B

Estudaremos as obrigações decorrentes dos relacionamentos sociais no âmbito privado, aquelas formadas pelos atos jurídicos e que criam obrigações pessoais a serem observadas pelos indivíduos, entendendo a formação das obrigações, as consequências e o tratamento do código civil.

---

[4] SILVA, Luis Renato Ferreira da. Princípios do direito das obrigações. *In:* LOTUFO, Renan; NANNI, Giovanni Ettore (coordenadores). *Obrigações.* São Paulo: Editora Atlas, 2011, p. 46.

1. Aplicabilidade do direito das obrigações

> O contexto social promove a interação entre os indivíduos. Como não vivemos sozinhos, mas em sociedade, bem como, porque não somos autossuficientes, praticamos condutas em busca de valores e necessidades, interagindo com um ou mais indivíduos, assumindo compromissos, gerando deveres e direitos, que nos vinculam a nossos pares no contexto social.
>
> Afirma Orlando Gomes que o homem precisa, na conjuntura social atual, que outros homens pratiquem atos que lhes sejam úteis, prestando serviços materiais ou imateriais, transmitindo a propriedade e o uso das coisas etc.[5]

Assim, quem compra um quilo de arroz no supermercado, está obrigado a pagar o preço; quem aluga um imóvel, deve cumprir com suas obrigações contratuais de pagar o aluguel mensal e de preservar o imóvel como se seu fosse; quem é proprietário de um veículo automotor, precisa pagar o imposto específico (IPVA); quem contrata um funcionário, obriga-se a pagar as verbas trabalhistas devidas etc.

Assim diz o professor Carlos Roberto Gonçalves sobre a aplicabilidade prática do direito das obrigações:

> Intervém ele na vida econômica, não só na produção, envolvendo aquisição de matéria-prima e harmonização da relação capital-trabalho, mas também nas relações de consumo, sob diversas modalidades (permuta, compra e venda, locação, arrendamento, alienação fiduciária etc.) e na distribuição e circulação dos bens (contratos de transporte, armazenagem, revenda, consignação etc.).[6]

---

[5] Gomes, Orlando. *Obrigações*. 16 ed. Rio de Janeiro: Forense, 2004, p. 6.

[6] Gonçalves, Carlos Roberto. *Direito civil brasileiro*. V. II. Teoria geral das obrigações. São Paulo: Saraiva, 2004, p. 3.

Nosso dia a dia, portanto, está recheado de fatos ou atos jurídicos que dão origem a obrigações, ou seja, que criam deveres e direitos na relação entre os indivíduos, sendo que alguns são devedores e outros credores do cumprimento dessas variadas obrigações. É preciso conhecer em que situações essas obrigações jurídicas são geradas, quais os efeitos produzem, quais suas características, como fazer para exigir que alguém cumpra com sua obrigação, o que fazer no caso de não cumprimento etc.

Pontua o professor Sílvio Rodrigues: o homem vivendo em sociedade necessita da cooperação de outros homens, pois, por si só, não pode prover todas as suas necessidades.[7]

Por fim, segundo o mestre Miguel Reale, como se vê, a vida jurídica desenvolve-se numa rede crescente de relações entre as pessoas naturais e jurídicas, segundo uma razão lógica de coerência e um imperativo de moralidade.[8] O relacionamento com conotação jurídica, entretanto, vincula sujeitos entre si, criando o que chamamos de vínculos obrigacionais entre sujeitos. São os chamados direitos pessoais ou direito de créditos.

Para tanto, é preciso dominar o direito das obrigações para compreender esse emaranhado de relações jurídicas pessoais e seus efeitos na ordem jurídica.

> **RESUMO**
>
> *Introdução* – O direito privado inclui, no direito civil, o estudo das regras jurídicas que regulam o convívio e as relações entre particulares e coisas. As pessoas, no convívio social, relacionam-se umas com as outras e até exercem poder jurídico sobre objetos, em busca de suprir ne-

---

[7] RODRIGUES, Silvio. *Direito Civil*. V. II. Parte geral das obrigações. 30 ed. São Paulo: Saraiva, 2002, p. 1.

[8] REALE, Miguel. *Lições preliminares de direito*. 27 ed. São Paulo: Saraiva, 2003, p. 204.

cessidades, interagindo e gerando relações jurídicas ou não jurídicas.

As relações jurídicas (que interessam para o direito e que por ele são regulamentadas) podem ser de direitos reais (relação pessoa x coisa), direitos pessoais (relação pessoa x pessoa) e até obrigações híbridas (aquelas que acompanham a coisa, denominadas *propter rem*).

As relações pessoais podem até não ter conotação jurídica, como é o caso das obrigações meramente morais, religiosas, cívicas etc.

2. Conceito de obrigação

Obrigação, para o direito civil, é a relação jurídica estabelecida entre credor e devedor, de caráter transitório, cujo objeto consiste numa relação pessoal, de caráter econômico. Para Álvaro Villaça Azevedo:

> obrigação é a relação jurídica transitória, de natureza econômica, pela qual o devedor fica vinculado ao credor, devendo cumprir determinada prestação pessoal, positiva ou negativa, cujo inadimplemento enseja a este executar o patrimônio daquele para satisfação de seu interesse.[9]

Na etimologia da palavra podemos dizer que advém do latim *ab + ligatio*, resultante do infinitivo *obligare (ob + ligare)*, o que significa, basicamente, ideia de vinculação, liame que liga ou subordina um ao outro.[10]

---

[9] AZEVEDO, Álvaro Villaça. *Teoria geral das obrigações*. 10 ed. São Paulo: Editora Atlas, 2004, p. 33.

[10] GIANULO, Wilson. *Novo código civil explicado e aplicado ao processo*. V. I. São Paulo: Jurídica Brasileira, 2003, p. 364.

É uma relação jurídica, pois assim a lei civil a define, unindo juridicamente as pessoas e estabelecendo sanção pelo não cumprimento. Neste ponto, as obrigações civis são diferentes das obrigações religiosas ou morais, pois estas últimas não são exigíveis em virtude da inexistência de determinação legal. Ninguém é obrigado juridicamente a frequentar o culto de sua igreja da mesma forma que não é obrigado a ser gentil com o idoso em situações especiais. Contudo, ao contrário, se o locatário não pagar o aluguel do imóvel, poderá ser coagido a fazê-lo contra sua vontade, através de processo judicial que buscará o valor em seu patrimônio, pois a lei o obriga juridicamente a cumprir com seu dever jurídico.

É uma relação jurídica transitória, pois ela surge com a finalidade de extinguir-se, tendo em vista que os sujeitos vinculados numa obrigação civil pretendem que seja ela extinta através de seu cumprimento. O vendedor e o comprador de um carro possuem interesses e pretendem que o contrato de compra e venda seja extinto, com a entrega do veículo e com o pagamento do preço.

Ademais, como nos aponta Álvaro Villaça Azevedo, não se admite no direito moderno e civilizado a relação jurídica perpétua, que importe em servidão ou escravidão humana, vinculando dois sujeitos indefinidamente.[11]

Essa característica é diferente quando se trata de direitos reais de propriedade, que são duradouros, pois quem compra um imóvel tem intenção de ser dono e permanecer como dono, salvo surja uma nova vontade, posterior, de vendê-lo.

É uma relação jurídica transitória estabelecida entre sujeitos de direito que denominamos credor e devedor. Isso faz com que a obrigação criada seja somente oponível aos sujei-

---

[11] AZEVEDO, Álvaro Villaça. *Teoria geral das obrigações*. 10 ed. São Paulo: Editora Atlas, 2004, p. 33.

tos e não a terceiros não vinculados juridicamente na obrigação, tratando-se de direito pessoal. Uma dívida só pode ser exigida do devedor e de mais ninguém.

Ao contrário, por exemplo, do direito real de propriedade, que pode ser oponível *erga omnes*, a qualquer pessoa, independentemente de vínculo jurídico estabelecido entre ela e o proprietário. O dono de um imóvel pode impedir que qualquer pessoa invada sua casa e com isso viole seu direito de propriedade ao tentar.

Finaliza Maria Helena Diniz, acentuando a distinção nítida entre o direito real e o direito de crédito:

> Os direitos obrigacionais têm eficácia relativa, sendo que as obrigações poderão ser livremente assumidas entre as partes, tendo por objeto uma prestação positiva ou negativa do devedor em favor do credor, ao passo que os direitos reais gozam de eficácia absoluta, estando sujeitos aos *numerus clausus*, consistindo tão somente num poder imediato do sujeito sobre a coisa.[12]

A obrigação, portanto, é uma relação jurídica transitória que envolve os sujeitos e tem como objeto uma prestação, ou seja, uma atividade ou ato do devedor em favor do credor. Essa prestação classifica-se, inicialmente, em prestação de dar, de fazer ou de não fazer, esta última também conhecida como prestação negativa, e as duas primeiras, prestações positivas.

Essa relação jurídica transitória que envolve os sujeitos e que obriga o devedor a cumprir a prestação em favor do credor tem outro efeito jurídico que é a patrimonialidade. Essa característica traz uma consequência importante para o credor, pois determina que o patrimônio do devedor responda pela obrigação caso este não cumpra espontaneamente com

---

[12] Diniz, Maria Helena. *Curso de direito civil brasileiro*. Teoria geral das obrigações. Vol. II. 20 ed. São Paulo: Saraiva, 2004, p. 10.

seu dever obrigacional. A patrimonialidade é, portanto, uma garantia que o credor tem sobre o cumprimento da obrigação, em razão de que, diante do não cumprimento, utilizará a força estatal, por processo judicial, para receber a prestação a que tem direito.

Como consequência dessa última característica, é possível extrair seu caráter pecuniário, pois a prestação (de dar, fazer ou não fazer) resume-se sempre a um valor econômico. O aluguel tem um valor econômico, o pagamento de um tributo, o salário etc. Ao contrário de algumas obrigações que, por exceção, não tem tal característica, como é o caso de algumas obrigações do direito de família, como o de visitas do pai ao filho, como o dever de afeto recíproco entre cônjuges etc.

Assim, através do conceito de obrigação se extraem os seguintes pontos: relação jurídica de natureza civil, com característica de transitoriedade e patrimonialidade, estabelecida entre sujeitos (credor e devedor), havendo para o devedor o dever de prestar ao credor uma atividade (dar, fazer ou não fazer) que detém característica pecuniária.

Além desses aspectos e da diferenciação com o direito real, é preciso lembrar que existem obrigações de natureza híbrida, misturando caracteres da obrigação de crédito e da obrigação real, como é o caso das obrigações *propter rem*.

São aquelas obrigações que surgem e obrigam o titular do direito real a praticar determinada prestação em razão de sua condição de titular, portanto, são os deveres de natureza real que emanam do domínio ou em razão da propriedade (*propter rem*).[13] Exemplificando: as obrigações do condômino de contribuir com as despesas da coisa comum; a obrigação do proprietário de imóvel de pagar o imposto predial.

---

[13] DINIZ, Maria Helena. *Curso de direito civil brasileiro*. Teoria geral das obrigações. Vol. II. 20 ed. São Paulo: Saraiva, 2004, p. 12.

Alguns autores, visando diferenciar os institutos, mencionam que essas obrigações estão situadas numa zona fronteiriça, entre direitos reais e direitos creditórios.[14]

RESUMO

Conceito de obrigação – As relações jurídicas pessoais ou creditícias tratadas no âmbito do direito privado se estabelecem entre no mínimo dois sujeitos, um credor (sujeito ativo) e um devedor (sujeito passivo).

É uma relação transitória, cujo objeto (prestação – obrigação de dar, fazer ou não fazer) consiste numa relação pessoal pecuniária ou pelo menos suscetível de avaliação econômica, verificada no poder que o credor exerce em face do devedor, podendo compelir seu patrimônio para satisfazer seu crédito.

---

3. Estrutura da relação obrigacional

Por ser uma relação jurídica, o vínculo obrigacional é denominado de relação obrigacional que subordina uma pessoa a outra.

Quando visualizamos essa relação, podemos destacar alguns elementos que formam sua estrutura: um elemento subjetivo, um elemento objetivo (material) e um elemento abstrato (imaterial ou espiritual).

O elemento subjetivo é formado pelos sujeitos da relação, quais sejam o credor e o devedor. O elemento objetivo é formado pela prestação obrigacional; e o elemento abstrato é

---

[14] GIANULO, Wilson. *Novo código civil explicado e aplicado ao processo.* V. I. São Paulo: Jurídica Brasileira, 2003, p. 367.

formado pela ligação jurídica denominada vínculo jurídico, estabelecido pela lei.

Para Álvaro Villaça Azevedo, o elemento subjetivo é o elemento pessoal, ou seja, aquele que reúne pessoas que intervêm na relação jurídica obrigacional: o sujeito ativo, o credor, que pode exigir do devedor, sujeito passivo, o objeto da prestação jurídica.[15]

A partir dos elementos, podemos concluir que a relação obrigacional estrutura-se pelo vínculo jurídico de dois sujeitos, para que um deles satisfaça, em favor do outro, determinada prestação.

– Elemento subjetivo: o credor é o sujeito detentor do crédito da obrigação. Ele encontra-se no polo ativo da relação e tem interesse no cumprimento da obrigação, podendo exigir o cumprimento da prestação através da coerção exercida por ele sobre o devedor ou, ainda, através da ação do poder jurisdicional do Estado em processo judicial. Como veremos oportunamente, o credor, tendo em vista que as obrigações quase sempre tratam de direitos patrimoniais disponíveis, poderá ceder ou até mesmo dispor de seu crédito.

O devedor está no polo passivo da relação jurídica e é o sujeito que deve prestar um ato ou atividade em favor do credor ou a quem este determinar.

É preciso destacar algumas características dos sujeitos da obrigação. Inicialmente, a pluralidade, pois poderemos ter nos polos ativo e passivo um ou mais sujeitos, ou seja, poderemos ter mais de um credor ou mais de um devedor num mesmo vínculo obrigacional.

Os sujeitos devem ser no mínimo determináveis, ou seja, não é necessário que, no momento em que se cria o vínculo jurídico obrigacional, se conheça o sujeito. Este pode ser conhecido ou determinado posteriormente.

---

[15] AZEVEDO, Álvaro Villaça. *Teoria geral das obrigações*. 10 ed. São Paulo: Editora Atlas, 2004, p. 36.

Exige-se, entretanto, que os sujeitos sejam determináveis, como ocorre, por exemplo, nas ofertas ao público consumidor. A loja, quando expõe seus produtos, está obrigada a cumprir com os preços e condições expostos com todos os possíveis consumidores que, inicialmente, são desconhecidos, porém determinam-se na medida em que entram na loja e praticam a compra. O consumidor, antes determinável, pois espalhado no público em geral, passa a ser conhecido, determinado, destacado e individualizado, completando-se o elo obrigacional. O mesmo raciocínio aplica-se na promessa de recompensa, pois o promitente é desde o início conhecido, porém o beneficiado com a recompensa só será após ter cumprido o quanto estipulado e se identificado.

Outra característica dos sujeitos está no fato de eles poderem ser representados por terceira pessoa que não especificamente credor e devedor. Trata-se do instituto da representação, visto na teoria geral do direito civil. Ela pode ser legal ou voluntária (artigo 115 do Código Civil[16] – que iremos abreviar a partir de agora como CC).

Os sujeitos podem ser pessoas físicas, pessoas jurídicas e, ainda, podem ser entes despersonalizados (como a massa falida e o patrimônio de herança antes da partilha), logicamente que, em se tratando de negócios jurídicos, é preciso avaliar a questão da capacidade das partes. Mas, nas obrigações, os incapazes serão assistidos ou representados, nos termos da lei.

Segundo Carlos Roberto Gonçalves, as obrigações podem ainda contemplar sujeitos individuais ou coletivos, bem como sujeitos em formação, como os nascituros ou pessoa jurídica a ser instituída.[17]

---

[16] Art. 115. Os poderes de representação conferem-se por lei ou pelo interessado.

[17] GONÇALVES, Carlos Roberto. *Direito civil brasileiro*. V. II. Teoria geral das obrigações. São Paulo: Saraiva, 2004, p. 24.

– **Elemento objetivo:** o principal objeto da relação jurídica obrigacional é uma prestação (atividade de dar, fazer ou não fazer do devedor), que se denomina objeto imediato, considerando-se também que é a prestação próxima do devedor, executada pelo próprio, como a entrega do dinheiro, como a pintura de uma casa. De outro lado temos o objeto mediato (mais afastado do devedor), que é a coisa que se entrega (carro vendido pela concessionária), a coisa que se pinta (quadro encomendado de um pintor) etc. Portanto, há dois objetos envolvidos na prestação, o objeto imediato e o objeto mediato.

Ensina Carlos Roberto Gonçalves:

> Objeto mediato ou objeto da prestação é, pois, na obrigação de dar, a própria coisa. Na de fazer, a obra ou serviço encomendado (obrigação do empreiteiro e do transportador, p. ex.). Não se confunde, pois, o ato da prestação, a que o obrigado se encontra vinculado, com a coisa material, sobre o qual aquele ato incide.[18]

O elemento objetivo deve ser possível (quando impossível o negócio é nulo), lícito (que não atenta contra a lei, a moral ou os bons costumes) e determinável, conforme prescreve o artigo 166 do CC,[19] ao tratar dos elementos do negócio jurídico. O objeto pode ser, frise-se, determinável, não necessitando que seja conhecido de plano no ato de vinculação dos sujeitos, sendo exigível que ele seja suscetível de determinação no momento da execução, admitindo-se a venda de coisa incerta, a venda de futuros filhotes de animal etc. Além de ser realizável, deverá conter elementos mínimos de identificação e individualização.

---

[18] *Ibidem*, p. 25.

[19] Art. 166. É nulo o negócio jurídico quando:
I – celebrado por pessoa absolutamente incapaz;
II – for ilícito, impossível ou indeterminável o seu objeto;
III – o motivo determinante, comum a ambas as partes, for ilícito;
IV – não revestir a forma prescrita em lei;
V – for preterida alguma solenidade que a lei considere essencial para a sua validade;
VI – tiver por objetivo fraudar lei imperativa;
VII – a lei taxativamente o declarar nulo, ou proibir-lhe a prática, sem cominar sanção.

O objeto imediato pode ser um agir positivo (dar, fazer) ou uma omissão (não fazer), gerando a classificação em obrigação positiva e obrigação negativa.

A prestação sempre é suscetível de avaliação econômica, com exceção dos deveres familiares citados acima e, também, do dever de servir as forças armadas, tendo em vista que nessas situações não se vislumbra valor econômico, senão, no máximo, valor moral, ético e cívico.

– **Elemento abstrato:** também chamado de vínculo jurídico, o elemento abstrato é a ligação estabelecida pela lei, existente entre credor e devedor, que confere ao primeiro o direito de exigir que o segundo cumpra sua obrigação. A legislação tributária, por exemplo, confere ao Estado o direito de tributar e, tributando, de cobrar do contribuinte o pagamento dos impostos legalmente devidos.

Esse vínculo se diz jurídico porque, sendo disciplinado pela lei, vem acompanhado de sanção.[20]

O mestre Miguel Reale o chama de vínculo de atributividade, ou seja, a concreção da norma jurídica no âmbito do relacionamento estabelecido entre duas pessoas, sendo o elo que confere a cada um dos participantes da relação o poder de pretender ou exigir algo determinado ou determinável.[21]

Há dois elementos que são consequência do vínculo jurídico, quais sejam, o débito (dívida) e a responsabilidade. O débito é vínculo imaterial entre credor e devedor, aparentemente instalada na consciência e no subjetivismo do devedor, pois a lei sugere a ele que pratique o comportamento que deve praticar em favor do credor tal qual estabelecido e combinado entre os sujeitos. A responsabilidade é o vínculo material conferido pela lei, pois confere ao credor o direito de exigir o cumprimento da obrigação, inclusive, se o caso, judicialmente, submetendo o patrimônio do devedor à execução (coação estatal).

---

[20] RODRIGUES, Silvio. *Direito Civil*. V. II. Parte geral das obrigações. 30 ed. São Paulo: Saraiva, 2002, p. 4.

[21] REALE, Miguel. *Lições preliminares de direito*. 27 ed. São Paulo: Saraiva, 2003, p. 219.

O elemento dívida supõe a atividade espontânea do devedor, que pode descumprir sua obrigação, mas que da responsabilidade não se pode esquivar.[22] Por isso dizemos que o patrimônio do devedor é a garantia de que a prestação será cumprida ou, então, que a responsabilidade patrimonial garante o débito. O devedor vê sua liberdade pessoal reduzida pela força da lei, pois sabe que caso não cumpra com o débito sofrerá o peso da constrição da responsabilidade patrimonial. Segundo Carlos Roberto Gonçalves,

> O vínculo procura assegurar, em caso de necessidade, a realização coativa da prestação debitória. A lei fornece, assim, meios para o credor exigir judicialmente o cumprimento da obrigação, quando o devedor não a cumpre voluntariamente, conferindo-lhe o poder de executar o patrimônio do inadimplente.[23]

Diante disso, a regra geral estabelecida é a de que todo vínculo obrigacional comporta o débito e a responsabilidade como seus componentes. Entretanto, há exceções nas quais encontramos ora apenas um, ora apenas outro desses elementos, quando teremos as chamadas obrigações incompletas.

Existe situação jurídica obrigacional na qual se encontra apenas o débito, sem a responsabilidade, como no caso das dívidas prescritas, pois apesar de prescrita a dívida o devedor sabe que deve (débito) e até pode pagar, contudo, não há responsabilidade de seu patrimônio, visto que, em se tratando de dívida prescrita, não tem o credor como exigir o adimplemento, tampouco atingir o patrimônio do devedor.

---

[22] RODRIGUES, Silvio. *Direito Civil*. V. II. Parte geral das obrigações. 30 ed. São Paulo: Saraiva, 2002, p. 5.

[23] GONÇALVES, Carlos Roberto. *Direito civil brasileiro*. V. II. Teoria geral das obrigações. São Paulo: Saraiva, 2004, p. 31.

É possível também verificar a ocorrência de obrigação em que existe responsabilidade patrimonial, sem existir o débito, como ocorre no contrato de fiança locatícia: o locatário é obrigado pelo aluguel (débito) e seu patrimônio responde pela dívida (responsabilidade), mas o fiador, quando o débito não for cumprido, torna-se responsável patrimonialmente, sem que tenha sido inicialmente obrigado pelo débito, ou seja, o fiador, no que tange ao pagamento do aluguel, tem responsabilidade patrimonial, mas não tem débito.

Por fim, no lastro do ensinamento da doutrina, vale conferir que não se deve confundir obrigação (débito) e responsabilidade (*obligatio*), por somente se configurar esta última quando a prestação não é adimplida pelo devedor. A primeira é o dever do sujeito passivo de cumprir espontaneamente, enquanto a outra se refere à autorização dada pela lei ao credor não satisfeito de acionar judicialmente o devedor, alcançando seu patrimônio.[24]

> RESUMO
>
> *Estrutura da relação obrigacional* – A obrigação civil estrutura-se em três elementos:
>
> – Elemento subjetivo: composto pelos sujeitos da relação jurídica obrigacional: credor e devedor.
>
> – Elemento objetivo: consistente na prestação – obrigação de dar, fazer e não fazer – e se classificando em objeto mediato (coisa sobre a qual recai a obrigação) e objeto imediato (ação do devedor para cumprir com sua obrigação).

---

[24] GAGLIANO, Pablo Stolze; PAMPLONA Filho, Rodolfo. *Novo curso de direito civil*. Obrigações. 3 ed. São Paulo: Saraiva, 2003, p. 11.

> – Elemento abstrato ou vínculo jurídico: composto pelo débito ou dívida (item subjetivo do vínculo, que determina ao devedor que a dívida deve ser cumprida) e pela responsabilidade (item objetivo do vínculo que sujeita o patrimônio do devedor à responsabilidade pelo cumprimento da obrigação caso isso não seja feito espontaneamente).

4. Obrigações naturais

Ao lado das obrigações civis estudadas nos tópicos anteriores e que serão analisadas em todo o direito das obrigações encontram-se, paralelamente, as obrigações naturais ou, como pretende o Novo CC, as obrigações juridicamente inexigíveis.

Realmente, a principal característica da obrigação civil é a exigibilidade, pois nela impera o débito e a responsabilidade patrimonial, autorizando o credor a coagir o devedor ao cumprimento da prestação. Entretanto, há certas obrigações que, por força da lei, no que diz respeito ao vínculo jurídico (elemento abstrato), são incompletas, sendo-lhes retirada a exigibilidade, pela inexistência da responsabilidade patrimonial. O credor, nesses casos, não poderá coagir o patrimônio do devedor.

Essas obrigações que não conferem ao credor o direito de exigir seu cumprimento, porquanto o credor é desprovido de ação contra o devedor, denominam-se obrigações naturais ou juridicamente inexigíveis (artigo 882 do CC).[25] São exemplos dessas obrigações: dívidas prescritas e dívidas de jogo ilícito.

---

[25] Art. 882. Não se pode repetir o que se pagou para solver dívida prescrita, ou cumprir obrigação judicialmente inexigível.

Trata-se de uma obrigação incompleta ou imperfeita, tendo em vista que nela não subsiste completamente o vínculo jurídico (existe débito, mas não existe responsabilidade). O devedor de uma obrigação natural sabe que a dívida existe e que, por certo, deveria pagar ou ter pagado, contudo, ao mesmo tempo, sabe que o credor não pode coagi-lo a fazer, pela ausência da responsabilidade patrimonial. Sendo assim, o devedor pode até pagar a dívida, mesmo que de obrigação natural, pela existência do débito, mas não pela responsabilidade de fazê-lo.

A obrigação natural não é uma obrigação moral, justamente porque o direito, através do CC, reconhece-lhe prerrogativas, que ora estudaremos, ao contrário das obrigações simplesmente morais, às quais nenhuma prerrogativa reconhece o CC no campo das obrigações. Além disso, "obrigação natural, desse modo, é a expressão por vezes utilizada para nomear prestações não acionáveis e, outras vezes, para designar deveres sociais ou convencionais".[26]

Pontua Maria Helena Diniz: "Na obrigação natural tem-se um *vinculum solius aequitatis*, sem *obligatio*, em que o credor não possui o direito de ação para compelir o devedor a cumpri-la; logo essa relação obrigacional não gera pretensão, faltando-lhe o *vinculum júris*".[27]

Se, na obrigação natural, a prestação inexigível for cumprida voluntariamente pelo devedor, ciente ou não de sua não exigibilidade, torna-se perfeita. O devedor que paga dívida de obrigação natural pratica ato jurídico válido e eficaz. Não se trata de enriquecimento injusto ou sem causa, pois

---

[26] PENTEADO, Luciano de Camargo e outro. Outras modalidades das obrigações. *In*: LOTUFO, Renan; NANNI, Giovanni Ettore (coordenadores). *Obrigações*. São Paulo: Editora Atlas, 2011, p. 218.

[27] DINIZ, Maria Helena. *Curso de direito civil brasileiro*. Teoria geral das obrigações. Vol. II. 20 ed. São Paulo: Saraiva, 2004, p. 63.

débito existe e, em virtude disso, não pode ser repetido o pagamento. O devedor não pode, então, após prestar o que era inexigível, pretender a repetição (devolução) do que pagou alegando ser pagamento de obrigação natural. Trata-se da aplicação do princípio da irrepetibilidade do pagamento das obrigações naturais, tal qual nos aponta o artigo 882 do CC.

Complementa o doutrinador Silvio de Salvo Venosa:

O devedor natural não pode ser compelido a executar a obrigação, mas se a realiza espontaneamente, seu ato é irretratável e opera pagamento válido. O pagamento aí não se trata de mera liberalidade, é pagamento verdadeiro e não doação.[28]

Vejamos como caiu:

> (OAB/SP – 132º Exame de Ordem) – Constitui exemplo de vínculo obrigacional em que há débito de uma pessoa, mas responsabilidade de outra, a dívida
> (a) decorrente de jogo;
> (b) prescrita;
> (c) do inquilino, paga pelo fiador;
> (d) decorrente de compra e venda.
> Resposta: C

Cabem algumas observações e exceções. São exigíveis os jogos e as apostas legalmente permitidas (ou seja, os jogos regulamentados pelo governo), conforme artigo 814 do CC.[29]

---

[28] VENOSA, Silvio de Salvo. *Teoria geral das obrigações e teoria geral dos contratos*. 5 ed. São Paulo: Editora Atlas, 2005, p. 58.

[29] Art. 814. As dívidas de jogo ou de aposta não obrigam a pagamento; mas não se pode recobrar a quantia que voluntariamente se pagou, salvo se foi ganha por dolo, ou se o perdente é menor ou interdito.

A irrevogabilidade do pagamento efetuado não ocorrerá quando o pagamento tenha sido feito por incapaz ou então através de coação física ou moral. Sendo assim, o menor que paga dívida prescrita pode solicitar a repetição do pagamento. Do mesmo modo, se a dívida de jogo ilícito foi paga em razão de coação exercida sobre o devedor.

Por fim, é preciso estabelecer que o pagamento parcial não torna civil a obrigação natural, não obrigando o devedor que paga parcialmente pelo saldo remanescente. Se a dívida prescrita de entregar dez cavalos for parcialmente cumprida pelo devedor, que entrega dois cavalos, não o obriga a entregar os oito cavalos restantes.

Vejamos como caiu:

> (OAB/SP – 127° Exame de Ordem) – É correto afirmar que:
> (a) as dívidas de jogo ou de aposta obrigam a pagamento, quando cobradas pelo credor;
> (b) o fiador, ainda que solidário, ficará desobrigado se o credor conceder moratória ao devedor, sem o consentimento do mesmo fiador;
> (c) não é admissível, na transação, a pena convencional (ou multa);
> (d) aquele que, sem justa causa, se enriquecer à custa de outrem, será obrigado a reembolsar/restituir tão somente o que auferiu indevidamente.
> Resposta B

Uma controvérsia doutrinária repousa neste instituto. Conforme estudaremos no adimplemento das obrigações, não é só o pagamento que extingue a obrigação, ao contrário, ela pode ser extinta por outros institutos jurídicos, como é o caso da novação, da compensação, da confusão etc. Alguns autores entendem que só o pagamento extingue a obrigação natural e que as outras formas de extinção da obrigação não a extinguiriam. Nós, ao contrário, entendemos que sim, pois qualquer forma de extinção da obrigação será convalidada como se pagamento fosse, trazendo os mesmos efeitos jurídicos, desde que o ato praticado pelo devedor, visando à extinção, seja espontâneo. Não seria o caso, portanto, de aplicar a compensação legal, por exemplo, como aceitável na extinção da obrigação natural, pois não provém de vontade das partes.[30]

Estudamos até aqui o motivo do surgimento das obrigações, seu conceito, suas características e os elementos de sua estrutura. Vimos também que existem obrigações completas e incompletas ou imperfeitas quanto ao vínculo jurídico, encontrando nestas últimas as obrigações naturais.

Agora, estudaremos as fontes das obrigações e partiremos para o estudo das classificações das obrigações trazidas pelo CC.

RESUMO

Obrigação natural – Ao lado das obrigações civis, nosso sistema mantém a obrigação natural, ou seja, a obrigação juridicamente inexigível, na qual o credor não tem o poder de compelir o devedor a cumprir com a prestação.

Quanto ao elemento abstrato, a obrigação natural é incompleta ou imperfeita, pois presente está apenas o débito, porém não há responsabilidade (ou seja, a dívida existe, pode

---

[30] VENOSA, Silvio de Salvo. *Teoria geral das obrigações e teoria geral dos contratos*. 5 ed. São Paulo: Editora Atlas, 2005, p. 59.

> ser cumprida, mas o credor não tem poder jurídico para exigir o cumprimento, tal ocorre com as dívidas prescritas, que não contemplam a exigibilidade).
>
> A obrigação juridicamente inexigível pode ser cumprida pelo devedor e o cumprimento será válido, extinguindo a obrigação, desde que isso ocorra de forma espontânea e sem vícios, não sendo possível exigir a devolução do que assim se pagou.
>
> Por isso, na obrigação natural opera a regra da irrepetibilidade do pagamento realizado, salvo o tenha sido feito por incapaz ou através de vício de consentimento, quando então poderá ser repetida.

5. Fontes das obrigações

Fonte é o nascedouro, o local de surgimento de determinado direito. Designa donde provém o direito posto na norma jurídica ou, como em nosso caso, de onde é proveniente a obrigação. No contexto jurídico, fontes do direito são os meios pelos quais se formam ou se estabelecem as normas jurídicas. Estudaremos os fatos jurídicos que dão origem não às normas jurídicas, mas sim às relações obrigacionais, gerando obrigações para os indivíduos.[31]

De maneira geral, a fonte das obrigações é a lei e a vontade das partes. Vejamos o que diz Maria Alice Zaratin Lotufo:

---

[31] GAGLIANO, Pablo Stolze; PAMPLONA Filho, Rodolfo. *Novo curso de direito civil*. Obrigações. 3 ed. São Paulo: Saraiva, 2003, p. 24.

A obrigação tem sempre como fonte a lei, que é a sua causa eficiente, uma vez que é ela que qualifica como obrigação um determinado vínculo jurídico entre dois sujeitos. É o fato de a lei qualificar o ato como obrigação que possibilita a sua execução pelo credor. A juridicidade daquele depende de seu reconhecimento pela lei. No entanto, por outro lado, toda obrigação envolve um querer, um ato humano, que pode ser lícito ou ilícito. Assim, a obrigação surge da lei e da vontade. Esta também é fonte das obrigações.[32]

Para facilitar o estudo das fontes das obrigações a doutrina, entretanto, mostra-nos que estas surgem dos contratos, das declarações unilaterais e dos atos ilícitos. É assim que as estudaremos.

Negócio jurídico é o ato de autonomia privada com o qual o sujeito decide sobre a própria esfera jurídica, pessoal ou patrimonial, através da vontade do sujeito.[33] Negócio jurídico é aquela espécie de ato jurídico que, além de se originar de um ato de vontade, implica a declaração expressa da vontade, instauradora de uma relação entre dois ou mais sujeitos, tendo em vista um objetivo protegido pelo ordenamento jurídico.[34]

O **contrato** sempre é negócio jurídico bilateral, dependendo da participação de dois sujeitos que, para nós, são o credor e o devedor das obrigações contratuais, como é o caso do devedor do aluguel, do credor da entrega do carro que foi comprado etc. O contrato é um acordo de vontade que pode ou não ser escrito e que tenha como finalidade adquirir, resguardar, modificar, transferir ou extinguir direitos, seguido

---

[32] LOTUFO, Maria Alice Zaratin. Fontes das obrigações – direito das obrigações e outros ramos do direito civil – direitos pessoais e direitos reais. *In*: LOTUFO, Renan; NANNI, Giovanni Ettore (coordenadores). *Obrigações*. São Paulo: Editora Atlas, 2011, p. 46.

[33] NERY JUNIOR, Nelson; NERY, Rosa Maria de Andrade. *Novo Código Civil e legislação extravagante anotados*. São Paulo: RT, 2002, p. 53.

[34] REALE, Miguel. *Lições preliminares de direito*. 27 ed. São Paulo: Saraiva, 2003, p. 208.

da obrigatoriedade dos seguintes requisitos: agente capaz, objeto lícito, possível, determinado ou determinável, forma prescrita ou não defesa em lei (artigo 104 do CC).[35] Os contratos vão disciplinados a partir do artigo 421 do CC.

As **declarações unilaterais de vontade** ou os atos unilaterais também fazem surgir obrigações, pelo que são fontes destas. Entre essas fontes temos a promessa de recompensa, pois quem promete gratificação a quem preencha certa condição ou desempenhe certo serviço, contrai obrigação de cumprir o prometido (artigo 854 do CC).[36] O mesmo efeito encontra-se no instituto do pagamento indevido, pois todo aquele que recebeu o que não lhe era devido fica obrigado a restituir (artigo 876 do CC)[37] e, no instituto do enriquecimento sem causa, tendo em vista que, neste último, aquele que se enriquecer sem justa causa à custa de outro será obrigado a restituir o indevidamente auferido (artigo 884 do CC).[38]

A terceira hipótese de fonte das obrigações é o **ato ilícito** (conforme descrito nos artigos 186 do CC).[39]

---

[35] Art. 104. A validade do negócio jurídico requer:
I – agente capaz;
II – objeto lícito, possível, determinado ou determinável;
III – forma prescrita ou não defesa em lei.

[36] Art. 854. Aquele que, por anúncios públicos, se comprometer a recompensar, ou gratificar, a quem preencha certa condição, ou desempenhe certo serviço, contrai obrigação de cumprir o prometido.

[37] Art. 876. Todo aquele que recebeu o que lhe não era devido fica obrigado a restituir; obrigação que incumbe àquele que recebe dívida condicional antes de cumprida a condição.

[38] Art. 884. Aquele que, sem justa causa, se enriquecer à custa de outrem, será obrigado a restituir o indevidamente auferido, feita a atualização dos valores monetários.

[39] Art. 186. Aquele que, por ação ou omissão voluntária, negligência ou imprudência, violar direito e causar dano a outrem, ainda que exclusivamente moral, comete ato ilícito.
Art. 187. Também comete ato ilícito o titular de um direito que, ao exercê-lo, excede manifestamente os limites impostos pelo seu fim econômico ou social, pela boa-fé ou pelos bons costumes.

Conceitualmente, aquele que, por ação ou omissão voluntária, negligência ou imprudência, violar direito e causar dano a outrem, ainda que exclusivamente moral, comete ato ilícito. A consequência jurídica da prática de ato ilícito é que o mesmo gera a obrigação de reparar o dano ocasionado, sendo fonte da obrigação.

> **RESUMO**
>
> *Fontes* – As obrigações surgem a partir dos negócios jurídicos bilaterais (contratos), da prática dos atos ilícitos (quando é gerado o dever de reparar o dano) e a partir da prática das declarações unilaterais de vontade (emissão de cheque, testamento etc.).

MODALIDADES

Na esteira do Código Civil brasileiro, podemos classificar nossas obrigações, inicialmente, quanto ao objeto da prestação, como obrigações de dar, fazer e não fazer. Quanto à multiplicidade de objetos, como obrigações alternativas, facultativas ou cumulativas. Quanto à multiplicidade de sujeitos, como obrigações divisíveis, indivisíveis e solidárias.

A importância da perfeita classificação de uma obrigação está no fato de que para cada uma delas o CC destina uma solução diferenciada para questões de ordem prática, como, por exemplo, na pluralidade de credores, se é possível pagar para apenas um deles sozinho ou se é devido o pagamento a todos conjuntamente; se, nas obrigações com alternatividade de objetos, com mais de uma prestação, se é do devedor ou do credor a escolha para definir qual será prestada etc.

1. Dos conceitos das classes de obrigações

Analisemos, inicialmente, as obrigações **quanto ao objeto da prestação**.

Na obrigação de **dar**, o sujeito do polo passivo tem o dever de entregar ou transferir a outrem a coisa objeto da obrigação. Trata-se de uma obrigação positiva, pois "dar" é ação. Por exemplo, na relação de compra e venda de uma bicicleta, o vendedor é devedor, na medida em que tem o dever de entregar o objeto comprado ao credor, comprador, transferindo a propriedade do objeto; de outra banda o comprador da bicicleta tem o dever de entregar quantia em moeda que representa o pagamento do preço.

Essa modalidade também comporta uma subespécie, que é a obrigação de restituir, que ocorre quando o devedor tem o dever de restituir ao credor algo que tenha sido por este inicialmente entregue, como, por exemplo, nas relações de locação de veículos, pois ao final o devedor, locatário, tem de devolver o veículo ao credor, locador.

Sobre ela assim ensina o professor Fábio Ulhoa Coelho:

> As obrigações de dar, segundo a propriedade e a posse da coisa objeto da prestação, podem ser classificadas em três categorias: a de transmitir o domínio (é a obrigação, p. ex., do vendedor), de entregar (a do locador, no início do contrato de locação) e a de restituir (a do locatário, no fim do contrato).[1]

Na obrigação de **fazer**, o dever consiste na feitura ou prestação de um fato ou execução de alguma coisa, consistente assim em um trabalho, em um serviço. É o caso do dever do pintor contratado de confeccionar um quadro ou o dever de um garoto contratado para engraxar os sapatos de alguém. Trata-se, também, de uma obrigação positiva. "Fazer" também é ação.

A obrigação de **não fazer**, classificada também como obrigação negativa, consiste no dever assumido em não ser feito aquilo que se convencionou ou que a lei não permite que se faça, através, portanto, da abstenção de um ato. Distingue-se das obrigações de dar e fazer, justamente porque estas são positivas e tratam de um agir positivo, enquanto que nestas, da abstenção, portanto, negativas. "Não fazer" é omissão.

Quanto à **pluralidade de objetos**, temos as obrigações cumulativas, alternativas e facultativas. Somente as alternativas são expressamente declaradas pelo CC.

---

[1] COELHO, Fábio Ulhoa. *Curso de Direito Civil*. V. II. São Paulo: Saraiva, 2004, p. 40.

Nas **cumulativas**, a prestação é composta por dois ou mais objetos numa única obrigação, sendo que, para exonerar o devedor, devem ser cumpridos todos os objetos cumulativamente. Por exemplo, quando alguém se obriga a entregar um carro e uma moto para outrem. Somente entregando ambos é que a obrigação estará satisfeita.

Nas **alternativas**, a prestação é composta por dois ou mais objetos, contudo, para exonerar o devedor basta que um dos objetos seja realizado. Cumprindo apenas um o devedor fica livre, como, por exemplo, quando alguém se obriga a entregar a outrem uma bicicleta ou uma motocicleta.

A obrigação **facultativa** é simples, com um único objeto inicialmente determinado entre credor e devedor; contudo, estipula-se que o devedor se exonera da obrigação entregando qualquer outro objeto. Trata-se da chamada faculdade de substituição, pois ao devedor é lícito substituir o objeto no momento de cumprir com a obrigação. Por exemplo, quando alguém se obriga a entregar facultativamente um livro para outrem, porém, na hora da entrega, acaba transferindo uma lapiseira.

Quanto à **pluralidade de sujeitos**, as obrigações serão divisíveis, indivisíveis e solidárias.

Nas obrigações **divisíveis**, temos pluralidade de sujeitos e o objeto da prestação pode ser dividido em partes, tantas quantas forem os sujeitos, como, por exemplo, quando Alberto se obriga a entregar para Benedito e Carlos 30 sacas de milho. Considerando que o objeto da prestação é divisível, presume-se dividida em tantas obrigações, iguais e distintas, quantos os credores. Alberto deverá entregar 15 sacas para cada um dos credores. Ou vice-versa, Benedito e Carlos se obrigam a entregar 30 sacas de milho a Alberto. Assim, cada um dos devedores deverá entregar 15 sacas. Há nos dois exemplos multiplicidade de sujeitos e divisibilidade do objeto.

Por outro lado, nas obrigações **indivisíveis**, também temos a pluralidade de sujeitos; contudo, o objeto da prestação é indivisível, ou seja, a coisa ou o fato a ser prestado é insuscetível de divisão, por sua natureza, por motivo de ordem econômica, ou dada a razão determinante do negócio jurídico.

É o caso de Alberto se comprometer a entregar a Benedito e Carlos um veículo automotor. Considerando que o veículo é um bem que, por sua natureza, é indivisível, torna-se impossível repartir a obrigação em partes iguais, e o código nos trará, adiante, uma solução específica para essa situação.

Por fim: a divisibilidade ou indivisibilidade da prestação, no entanto, confunde-se com a de seu objeto, sendo lícito afirmar que a obrigação é divisível quando é possível ao devedor executá-la por partes; indivisível, no caso contrário.[2]

Também entre as obrigações relacionadas com a pluralidade de sujeitos encontramos as obrigações **solidárias**. Aqui, independentemente da divisibilidade ou não do objeto da prestação, vislumbra-se a seguinte situação: entre os eventuais vários credores (solidariedade ativa), cada um pode cobrar toda a dívida, assim como entre os eventuais vários devedores (solidariedade passiva), cada um pode, individualmente, ser cobrado da dívida toda. Ocorre nessas circunstâncias a aplicação do princípio da unidade da prestação, apesar de vários sujeitos inter-relacionados, uns com os outros na mesma obrigação. A prestação é única, podendo ser exigida ou cobrada individualmente por qualquer sujeito. Cada sujeito deve ser visto como se estivesse sozinho na relação obrigacional.

Por fim, tal situação jurídica não se presume das circunstâncias, devendo ser resultado da disposição legal (artigo de lei) ou da vontade das partes (cláusula do contrato).

---

[2] Gonçalves, Carlos Roberto. *Direito civil brasileiro*. V. II. Teoria geral das obrigações. São Paulo: Saraiva, 2004, p. 97.

Existe solidariedade quando, na mesma obrigação, concorre uma pluralidade de credores, cada um com direito à dívida toda (solidariedade ativa), ou uma pluralidade de devedores, cada um obrigado à dívida por inteiro (solidariedade passiva).[3] Assim, solidariedade não se presume, mas resulta da lei ou da vontade das partes.

2. Outras modalidades das obrigações

Outros fatores tratam de determinar uma série de distintas classificações das obrigações, com interesse de ordem prática, principalmente, na atualidade, com todos os avanços das relações sociais, contratuais e econômicas que vivemos. Inclusive, algumas questões a serem expostas estão internalizadas no estudo da teoria geral do direito civil, como, por exemplo, a regra de que o acessório segue o principal, os elementos acidentais do negócio jurídico (condição, termo, encargo) etc.

Quanto à exigibilidade ou quanto ao vínculo as obrigações são **civis** e **naturais**. A obrigação civil apresenta o elemento abstrato (vínculo jurídico) completo ou perfeito, composto pelo débito (dívida) e pela responsabilidade. A obrigação natural é incompleta ou imperfeita, ao apresentar, no vínculo jurídico, apenas o débito, sem responsabilidade. Trata-se daquela juridicamente inexigível, pois o credor não tem meios de coagir o devedor ao cumprimento da prestação, tendo em vista que ausente sua responsabilidade patrimonial, persistindo apenas o débito.

Quanto ao fim as obrigações serão de **meio**, de **resultado** e de **garantia**.

---

[3] GAGLIANO, Pablo Stolze; PAMPLONA Filho, Rodolfo. *Novo curso de direito civil*. Obrigações. 3 ed. São Paulo: Saraiva, 2003, p. 75.

Nas obrigações de **meio**, o devedor não se compromete em atingir determinado e certo resultado com sua atividade, comprometendo-se, apenas, a realizar a atividade com toda a técnica e diligência exigível para que tudo ocorra da melhor forma possível, ou seja, o devedor não se compromete pelo resultado (é o caso do serviço dos profissionais liberais de uma maneira geral, como o advogado, o psicólogo, o fisioterapeuta etc.).[4]

Vejamos o que diz Luciano de Camargo Penteado e Fábio Vieira Figueiredo:

> A obrigação pode ser de meio, ou de diligência, quando o devedor esteja vinculado a prestar determinado comportamento, cujo desempenho exaure o *vinculum obligationis* independentemente de outra questão. Na obrigação de meio basta o atuar diligente e leal, independentemente da consequência fática que venha a ocorrer, para considerar-se cumprida a obrigação.[5]

Nas obrigações de **resultado**, ao contrário, o devedor obriga-se a atingir determinada e certa finalidade, sob pena de, não atingindo, não cumprir com sua obrigação (é o caso do cirurgião plástico nas intervenções estéticas, do dever da empresa de transporte na realização do contrato de transporte de pessoas etc.). Vejamos o ensinamento dos autores citados acima:

---

[4] As obrigações do médico, em geral, assim como as do advogado, são, fundamentalmente, de meio, uma vez que esses profissionais, a despeito de deverem atuar segundo as mais adequadas regras técnicas e científicas disponíveis naquele momento, não podem garantir o resultado de sua atuação (a cura do paciente, o êxito no processo). GAGLIANO, Pablo Stolze; PAMPLONA FILHO, Rodolfo. *Novo curso de direito civil*. Obrigações. 3 ed. São Paulo: Saraiva, 2003, p. 109.

[5] PENTEADO, Luciano de Camargo e outro. *Outras modalidades das obrigações*. In: LOTUFO, Renan; NANNI, Giovanni Ettore (coordenadores). *Obrigações*. São Paulo: Editora Atlas, 2011, p. 222.

As obrigações de resultado são focadas em determinada consequência prática que do comportamento do devedor deve advir. Essa consequência é a sua obrigação, a tal ponto que, não se verificando, está caracterizado o inadimplemento mora, que pode, com muita facilidade, verter-se em inadimplemento absoluto.[6]

Por fim, a obrigação de **garantia** ocorre quando o devedor compromete-se em garantir determinada situação em prol do credor, sob pena de não cumprimento da obrigação, como é o caso, por exemplo, da garantia que a seguradora dá ao segurado de ressarcir seu patrimônio em caso de sinistro; da garantia legal que o vendedor tem de dar ao comprador sobre eventuais defeitos da coisa comprada; e, até mesmo, da garantia de segurança do cliente do banco dentro da agência, pois este último aufere vantagens indiretas na recepção do cliente em caixas eletrônicos, devendo garantir a segurança dos mesmos.

Conclui-se que, de fato, tais obrigações têm por conteúdo eliminar riscos que pesam sobre o credor, reparando suas consequências. A eliminação do risco (que pertencia ao credor) representa bem suscetível de aferição econômica.[7] É, segundo Maria Helena Diniz, aquela obrigação que tem por conteúdo a eliminação de um risco, que pesa sobre o credor.[8]

Quanto à reciprocidade, serão **principais** e **acessórias**. As acessórias são aquelas que dependem ou supõem, para sua existência, da existência e validade da obrigação princi-

---

[6] PENTEADO, Luciano de Camargo e outro. Outras modalidades das obrigações. *In*: LOTUFO, Renan; NANNI, Giovanni Ettore (coordenadores). *Obrigações*. São Paulo: Editora Atlas, 2011, p. 224.

[7] GAGLIANO, Pablo Stolze; PAMPLONA FILHO, Rodolfo. *Novo curso de direito civil*. Obrigações. 3 ed. São Paulo: Saraiva, 2003, p. 110.

[8] DINIZ, Maria Helena. *Curso de direito civil brasileiro*. Teoria geral das obrigações. Vol. II. 20 ed. São Paulo: Saraiva, 2004, p. 193.

pal. É, por exemplo, a obrigação do fiador do contrato de locação, a cláusula penal inserida nos contratos, a atinente aos direitos reais de garantia etc. Seguem as mesmas regras e princípios da máxima: o acessório segue o principal (artigos 92 e 184 do CC).[9]

Quanto ao momento de seu cumprimento, serão **instantâneas, diferidas** e **periódicas** ou de trato sucessivo.

As obrigações **instantâneas** consumam-se num só ato, sendo cumprida logo após sua constituição (exemplo, compra e venda à vista de uma caneta na papelaria). Devem ser imediatamente cumpridas e cujo adimplemento ou inadimplemento se mede de imediato.[10] As obrigações de **execução diferida** comportam cumprimento em também um só ato, contudo, em momento futuro (exemplo, compra e venda para pagamento em 30 dias após a realização do negócio).

As obrigações de **execução continuada** (periódicas ou de trato sucessivo) cumprem-se por meio de atos reiterados após a constituição do negócio (exemplo, prestação de serviço de manutenção de computadores, de compra e venda parcelada ou em prestações, fornecimento de energia elétrica etc.).[11]

Quanto aos elementos acidentais são **puras, condicionais, a termo** e **modais**. Nos negócios jurídicos podem incidir, pela vontade das partes, facultativamente, elementos

---

[9] Art. 92. Principal é o bem que existe sobre si, abstrata ou concretamente; acessório, aquele cuja existência supõe a do principal.
Art. 184. Respeitada a intenção das partes, a invalidade parcial de um negócio jurídico não o prejudicará na parte válida, se esta for separável; a invalidade da obrigação principal implica a das obrigações acessórias, mas a destas não induz a da obrigação principal.

[10] PENTEADO, Luciano de Camargo e outro. Outras modalidades das obrigações. *In*: LOTUFO, Renan; NANNI, Giovanni Ettore (coordenadores). *Obrigações*. São Paulo: Editora Atlas, 2011, p. 227.

[11] GONÇALVES, Carlos Roberto. *Direito civil brasileiro*. V. II. Teoria geral das obrigações. São Paulo: Saraiva, 2004, p. 178 e seguintes.

acidentais: a condição, o termo e o encargo. São convenções acessórias que constituem autolimitações da vontade e são admitidas nos atos de natureza patrimonial em geral.[12]

Obrigações puras são as não sujeitas a elementos acidentais, ou seja, que não contenham condição, termo ou encargo (exemplo, compra e venda à vista, doação aceita pelo donatário etc., pois os efeitos jurídicos são imediatos, logo que contraídas as obrigações). Nela se verifica "a ausência de outros determinantes que interfiram na eficácia do vínculo obrigacional".[13]

Obrigações condicionais são aquelas cujo efeito está subordinado a evento futuro e incerto, pois condição é o acontecimento futuro e incerto, conforme o artigo 121 do CC,[14] estudado na parte geral. Diante da condição, a vontade declarada depende para sua eficácia de um evento futuro e incerto. Da ocorrência desse evento depende o nascimento ou a extinção de um direito.

A condição pode ser suspensiva e, enquanto não implementada a condição, não surge o direito relacionado. Pode também ser resolutiva, ou seja, o direito relacionado surge com o início da obrigação, contudo, a qualquer momento, por conta do implemento da condição, poderá ser extinta, resolvida. Verificada a condição suspensiva, o direito é adquirido; verificada a resolutiva, o direito é extinto.

Por outro lado, **obrigações a termo** são aquelas em que as partes subordinam os efeitos do negócio a um evento futuro e certo. Termo é o dia em que começa ou termina

---

[12] Gonçalves, Carlos Roberto. *Direito civil brasileiro.* V. II. Teoria geral das obrigações. São Paulo: Saraiva, 2004, p. 181.

[13] Penteado, Luciano de Camargo e outro. Outras modalidades das obrigações. *In*: Lotufo, Renan; Nanni, Giovanni Ettore (coordenadores). Obrigações. São Paulo: Editora Atlas, 2011, p. 233.

[14] Art. 121. Considera-se condição a cláusula que, derivando exclusivamente da vontade das partes, subordina o efeito do negócio jurídico a evento futuro e incerto.

o efeito jurídico do negócio. A data fixada para a entrega do objeto no contrato de compra e venda é o termo, o dia em que deve ser cumprida a obrigação. A partir da data fixada, se não cumprida, haverá inadimplemento. As partes podem fixar também um dia inicial para ter validade o contrato de aluguel, assinando o contrato dia primeiro de abril para ter início em primeiro de maio, quando então se terá o *dies a quo*. E, no mesmo contrato de aluguel, será fixado o *dies ad quem*, ou seja, o dia final do contrato, quando será extinto.

Obrigação modal, ou com encargo, é a que segue com uma cláusula que impõe um ônus ao beneficiário de determinada relação jurídica. Ela realiza-se quase sempre nos contratos de liberalidade (como no de doação), quando o doador fixa um encargo ao donatário para que só tenha validade a doação após o cumprimento do encargo. Por exemplo, Alberto doa um imóvel a Benedito desde que este permita que a família do doador o utilize nos finais de semana. Portanto, as obrigações modais são aquelas oneradas com um encargo (ônus) imposto a uma das partes, que experimentará um benefício maior.[15]

Quanto à liquidez do objeto serão líquidas e ilíquidas.

A **líquida** é a obrigação certa quanto à existência e determinada quanto a seu objeto, tendo uma prestação certa e individualizada. Exemplo, pagar R$ 100,00.

A **ilíquida** carece de especificação de seu quantum, para que possa ser cumprida, sendo, portanto, a incerteza quanto ao valor de um crédito certo. A obrigação é ilíquida quando depende de prévia apuração para a verificação do seu exato objeto.[16] Para efetivação do cumprimento o valor depende, assim,

---

[15] Gagliano, Pablo Stolze; Pamplona Filho, Rodolfo. *Novo curso de direito civil*. Obrigações. 3 ed. São Paulo: Saraiva, 2003, p. 108.

[16] Venosa, Silvio de Salvo. *Teoria geral das obrigações e teoria geral dos contratos*. 5 ed. São Paulo: Editora Atlas, 2005, p. 150.

de prévia apuração por se apresentar incerto.[17] O valor ilíquido será, quando necessário, liquidado em sentença judicial por procedimento processual especial de liquidação.[18] A sentença ilíquida de um processo judicial, por exemplo, não será incerta quanto à existência do crédito, mas somente quanto a seu valor. Por fim, nas obrigações líquidas é possível detectar o que, o qual e o quanto sejam devidos, e nas ilíquidas ainda não é possível fazê-lo, pois sua dimensão ou mensuração não está ainda concretizada ou determinada, necessitando, por isso, ser liquidada.[19]

> **RESUMO**
>
> *Modalidades* – As obrigações dividem-se e são classificadas levando em conta sua prestação e a multiplicidade de objetos ou de sujeitos.
>
> Quanto à prestação: obrigações de dar (coisa certa, coisa incerta, restituir), obrigações de fazer (personalíssima ou não) e obrigações negativas ou de não fazer.
>
> Dentre as obrigações compostas, encontramos as classificadas quanto à multiplicidade de objetos: alternativas e facultativas; quanto à multiplicidade de sujeitos: divisíveis, indivisíveis e solidárias.

---

[17] GONÇALVES, Carlos Roberto. *Direito civil brasileiro*. V. II. Teoria geral das obrigações. São Paulo: Saraiva, 2004, p. 192.

[18] GAGLIANO, Pablo Stolze; PAMPLONA FILHO, Rodolfo. *Novo curso de direito civil. Obrigações.* 3 ed. São Paulo: Saraiva, 2003, p. 100.

[19] PENTEADO, Luciano de Camargo e outro. Outras modalidades das obrigações. In: LOTUFO, Renan; NANNI, Giovanni Ettore (coordenadores). *Obrigações*. São Paulo: Editora Atlas, 2011, p. 237.

3. Estudo das várias modalidades conforme o Código Civil

3.1. Obrigação de dar

As obrigações de dar subdividem-se em obrigação de dar coisa certa e obrigação de dar coisa incerta.

Na **obrigação de dar coisa certa**, o objeto a ser entregue é certo, ou seja, individualizado, que se distingue das demais por características próprias. Não seria, portanto, a obrigação de entregar qualquer carro, mas o carro placa XXY 1234, cor amarela, banco de couro etc.

Enfim, o verbo dar deve ser entendido como o ato de entregar. Certa será a coisa determinada, perfeitamente caracterizada e individuada, diferente de todas as demais da mesma espécie.[20] A obrigação de dar coisa certa tem seu mais alto grau, sua perfeição na determinação e infungibilidade do objeto. O corpo certo é a *species* dos romanos, a prestação determinada, que não admite confusão com qualquer outra, pois é individuada.[21]

A primeira regra do CC diz que a obrigação de dar coisa certa abrange os acessórios da coisa, salvo estipulação em contrário. Sendo assim, devendo ser entregue o objeto principal, caso as partes não tenham estipulado diferente, presume-se que com ele vão os acessórios. Na compra de um veículo equipado com som automotivo, salvo estipulação em contrário, a entrega do veículo deve acompanhar a do som, pois o acessório segue o principal. Leia o artigo 233 do CC.[22]

---

[20] VENOSA, Silvio de Salvo. *Teoria geral das obrigações e teoria geral dos contratos*. 5 ed. São Paulo: Editora Atlas, 2005, p. 85.

[21] ROSA, Pedro Henrique de Miranda. *Direito Civil*. Parte geral e teoria geral das obrigações. Rio de Janeiro: Renovar, 2003, p. 206.

[22] Art. 233. A obrigação de dar coisa certa abrange os acessórios dela embora não mencionados, salvo se o contrário resultar do título ou das circunstâncias do caso.

Realmente, em corolário ao já citado artigo 92 do Código Civil, os acessórios da coisa certa a acompanham, salvo estipulação em contrário, mas presumindo-se a inclusão, no caso de silêncio do negócio jurídico.[23]

Vejamos a atual doutrina de Ragner Limongeli Vianna:

> A regra não é tão simples, pois comporta diversas exceções. O próprio Código dispõe especificamente em relação aos frutos, determinando que os percebidos pertencem ao devedor e os pendentes ao credor (artigo 237, parágrafo único). É importante, aqui, chamar a atenção para a exceção prevista no nosso ordenamento para o caso das pertenças. Estas, definidas no art. 93 do Código, não seguem a sorte do bem principal, como regra geral, por força do disposto no art. 94 do Código Civil.[24]

Por fim, finaliza o mesmo autor acima citado comentando o disposto no artigo 247 do CC, mencionando que no caso de valorização da coisa por conta de acessórios surgidos depois do nascimento da obrigação, o devedor terá direito de aumento do preço: "Assim é que o devedor tem a obrigação de entregar a coisa com os acessórios, ainda que tais acessórios tenham sido criados após o nascimento da obrigação. Mas tem o direito de exigir o aumento proporcional do preço".[25]

Em se tratando de entrega de coisa certa, é possível que o devedor, antes da entrega, venha a perder a coisa, tornando impossível o cumprimento da obrigação. Essa situação é tra-

---

[23] GIANULO, Wilson. *Novo código civil explicado e aplicado ao processo*. V. I. São Paulo: Jurídica Brasileira, 2003, p. 373.

[24] VIANNA, Ragner Limongeli. Modalidade das obrigações: obrigações de dar. *In*: LOTUFO, Renan; NANNI, Giovanni Ettore (coordenadores). *Obrigações*. São Paulo: Editora Atlas, 2011, p. 95.

[25] *Ibidem*, p. 101.

tada pelo artigo 234 do CC.[26] Se a perda ocorrer sem culpa do devedor antes da tradição ou pendente condição suspensiva, extingue-se a obrigação.

Vejamos como caiu:

> (Exame da OAB 2010.2) – João prometeu transferir a propriedade de uma coisa certa, mas antes disso, sem culpa sua, o bem foi deteriorado. Segundo o Código Civil, ao caso de João aplica-se o seguinte regime jurídico:
> (a) a obrigação fica resolvida, com a devolução de valores eventualmente pagos;
> (b) a obrigação subsiste, com a entrega da coisa no estado em que se encontra;
> (c) a obrigação subsiste, com a entrega da coisa no estado em que se encontra e abatimento no preço proporcional à deterioração;
> (d) a obrigação poderá ser resolvida, com a devolução de valores eventualmente pagos, ou subsistir, com a entrega da coisa no estado em que se encontra e abatimento no preço proporcional à deterioração, cabendo ao credor a escolha de uma dentre as duas soluções.
> Resposta D

Essa regulamentação é proveniente da máxima: a coisa perece para o dono (*res perit domino*).[27] Como em nosso sistema jurídico, a tradição (ou seja, a entrega da coisa, *traditio*) é o que transfere a propriedade, enquanto o devedor não

---

[26] Art. 234. Se, no caso do artigo antecedente, a coisa se perder, sem culpa do devedor, antes da tradição, ou pendente a condição suspensiva, fica resolvida a obrigação para ambas as partes; se a perda resultar de culpa do devedor, responderá este pelo equivalente e mais perdas e danos.

[27] Explica o professor Fábio Ulhoa Coelho que tal regra é proveniente de um tradicional valor de justiça, estabelecendo que é o proprietário e não terceiros quem deve sofrer dos sucessos (negativos e positivos) do bem titularizado (Coelho, Fábio Ulhoa. Curso de Direito Civil. V. II. São Paulo: Saraiva, 2004, p. 48).

entregou, ele continua dono da coisa e, perdendo-a, seu patrimônio é que ficará desfalcado.

Vejamos o seguinte exemplo: o comprador de uma bicicleta ficou de pagar o preço no ato da entrega do objeto; no dia combinado o devedor aparece e diz que perdeu a bicicleta, sem sua culpa, pois foi furtada em sua garagem; pela ausência de culpa do devedor e pela perda do objeto a obrigação se extingue, sendo que o devedor suportará o prejuízo em seu patrimônio, pois ficará sem a bicicleta e sem o preço, que não será pago.

Agora, por outro lado, se a perda do objeto for oriunda de culpa do devedor, a situação é outra: o devedor deve o equivalente ao valor do objeto, acrescido ainda dos prejuízos suportados pelo credor diante do não cumprimento (que vamos chamar de perdas e danos). A perda culposa implica na obrigação de entregar o equivalente mais perdas e danos. O culpado sempre responde pelos prejuízos que causar.

Em resumo, vale a pena considerar os apontamentos do ilustre Sílvio de Salvo Venosa:

> Pelo que se viu, até a tradição da coisa, cabe ao devedor a obrigação geral de diligência e prudência em sua manutenção, devendo velar por sua conservação e defendê-la contra o ataque de terceiros, valendo-se, também, se for necessário, dos meios judiciais para atingir tal proteção. É exatamente no exame da diligência do devedor que se vai apurar se houve culpa sua na perda ou deterioração da coisa, para a aplicação dos dispositivos ora examinados.[28]

Na **obrigação de dar coisa incerta**, o primeiro problema que nos deparamos está no fato de que o objeto da pres-

---

[28] VENOSA, Silvio de Salvo. *Teoria geral das obrigações e teoria geral dos contratos*. 5 ed. São Paulo: Editora Atlas, 2005, p. 90.

tação não é individualizado e, não sendo distinto dos demais, precisa ser escolhido.

A coisa incerta é indicada, pelo menos, pelo gênero e pela quantidade, podendo ser estipulada sua qualidade, sendo, portanto, um bem parcialmente indeterminado. Lembremos, o objeto pode ser determinável, mas nunca indeterminável. A incerteza não significa propriamente uma indeterminação, mas uma determinação genericamente feita.[29]

Assim, poderíamos estipular uma obrigação de dar 50 (quantidade) sacas de arroz (gênero) da colheita da Fazenda Ouro Fino, da safra de 2004 (qualidade ou especificação). Imaginando que na Fazenda Ouro Fino existem mais de 1.000 sacas de tal arroz, é preciso que alguém retire dessas 1.000 sacas as 50 que serão prestadas, ou seja, é preciso que alguém escolha ou indique quais serão efetivamente entregues. Este ato de escolha (chamado pelo legislador de concentração) irá individualizar o objeto, sendo chamado de ato de indicação. Na maioria das vezes, essa escolha pertence ao devedor, podendo ser estipulado o contrário (artigo 244 do CC).[30]

Porém, não poderá quem escolhe selecionar a pior, nem será obrigado a prestar a melhor coisa do gênero, devendo pautar a indicação pela equidade, trazendo equilíbrio para as prestações.

Após a escolha, a coisa incerta torna-se coisa certa e, a partir daí, vigoram as disposições da obrigação de dar coisa certa. O artigo 245 do CC[31] diz que após o credor tomar ciência, conhecimento da escolha, vigorará o disposto para as obrigações de dar coisa certa.

---

[29] Venosa, Silvio de Salvo. *Teoria geral das obrigações e teoria geral dos contratos*. 5 ed. São Paulo: Editora Atlas, 2005, p. 100.

[30] Art. 244. Nas coisas determinadas pelo gênero e pela quantidade, a escolha pertence ao devedor, se o contrário não resultar do título da obrigação; mas não poderá dar a coisa pior, nem será obrigado a prestar a melhor.

[31] Art. 245. Cientificado da escolha o credor, vigorará o disposto na Seção antecedente.

A doutrina aponta que o ato de escolha consiste não só em separar a quantidade, mas também colocar à disposição do credor ou, pelo menos, cientificá-lo de que a escolha foi feita:

> Desde que o credor seja cientificado da escolha, a obrigação passará a ser regida pelo regime da obrigação de dar coisa certa, pois a partir de tal momento de coisa certa passará a tratar-se. A alteração legislativa é positiva, pois sem a comunicação ao credor não se terá por efetivamente posta a sua disposição, não podendo o devedor pretender arguir que a coisa tornou-se certa.[32]

Diz o professor Pedro Henrique de Miranda Rosa que se a concentração da obrigação ocorre antes da *solutio*, pela prática de atos do devedor, dos atos necessários ao cumprimento da prestação, identifica-se a coisa, mas essa identificação não supera a máxima *genus non perit*.[33] Portanto, além da escolha é preciso colocar à disposição do credor ou ao menos cientificá-lo disso.

Vejamos, sobre o ato da escolha como agente transformador da obrigação de dar coisa certa em obrigação de dar coisa incerta, o seguinte exemplo de Ragner Limongeli Vianna:

> No entanto, não é necessário que a coisa seja única, nem mesmo que seja possuidora de marca, número ou característica que a distinga de todas as outras para que se tenha como objeto da obrigação de dar coisa certa. Tomemos outro exemplo da realidade do cotidiano. Uma camisa, fabricada em série, também pode ser objeto da obrigação de dar coisa certa. Imaginemos a camisa do jogador de futebol Ronaldo

---

[32] VIANNA, Ragner Limongeli. Modalidade das obrigações: obrigações de dar. *In*: LOTUFO, Renan; NANNI, Giovanni Ettore (coordenadores). *Obrigações*. São Paulo: Editora Atlas, 2011, p. 111.

[33] ROSA, Pedro Henrique de Miranda. *Direito Civil*. Parte geral e teoria geral das obrigações. Rio de Janeiro: Renovar, 2003, p. 213.

> (chamado "Fenômeno"). Quando referido jogador transferiu-se para o Sport Clube Corinthians Paulista, centenas de milhares de camisas do craque foram postas à venda. Todas idênticas. Desde que se identifique uma delas como sendo a escolhida pelo credor, a obrigação que a tenha por objeto será obrigação de dar coisa certa. É que uma vez escolhida e separada das demais, está perfeitamente individuada e identificada em sua existência única.[34]

Em continuidade, pelo conteúdo do artigo 342 do CC,[35] caso a escolha seja do credor e este se omita, será intimado para esse fim, sob pena de perder o direito de escolha (observar o rito procedimental do artigo 461 A do CPC).

Outro ponto importante, introduzido pelo artigo 246 do CC[36] é o brocardo jurídico que diz: o gênero não perece. Enquanto não houver a escolha, o devedor não tem como alegar perda da coisa, pois o gênero (por exemplo, sacas de arroz) não perece. Inclusive, sequer pode alegar caso fortuito ou de força maior.

Vejamos como caiu:

> (OAB/SP – 132º Exame de Ordem) – Devedor de coisa indicada apenas pelo gênero e quantidade:
> (a) não pode alegar sua perda ou deterioração, ainda que por fortuito ou força maior;
> (b) tem a obrigação de escolher a coisa oferecida ao credor, não se admitindo disposição contrária entre as partes;

---

[34] VIANNA, Ragner Limongeli. Modalidade das obrigações: obrigações de dar. *In*: LOTUFO, Renan; NANNI, Giovanni Ettore (coordenadores). *Obrigações*. São Paulo: Editora Atlas, 2011, p. 93.

[35] Art. 342. Se a escolha da coisa indeterminada competir ao credor, será ele citado para esse fim, sob cominação de perder o direito e de ser depositada a coisa que o devedor escolher; feita a escolha pelo devedor, proceder-se-á como no artigo antecedente.

[36] Art. 246. Antes da escolha, não poderá o devedor alegar perda ou deterioração da coisa, ainda que por força maior ou caso fortuito.

> (c) fica liberado da obrigação se provar que a coisa se perdeu sem culpa sua;
> (d) nenhuma das anteriores é correta.
> Resposta A

Vale muito o resumo do professor Fábio Ulhoa Coelho:

> A concentração é a individuação do bem a ser entregue na execução de obrigação de dar coisa incerta. Realiza-se mediante a escolha feita por um dos sujeitos do vínculo obrigacional; normalmente, o devedor. Quando é este o caso, a cientificação da escolha pelo credor transforma a obrigação de dar coisa incerta em obrigação de dar coisa certa.[37]

Algo a se pensar e refletir é a hipótese, remota, porém possível, de extinção de todos os objetos do gênero. Se isso ocorrer, extingue-se a obrigação, como exceção aos moldes da regra geral do artigo 246 do CC. Vejamos:

> Justifica-se o critério legal. Em sendo genérica a obrigação, as partes estipularam que coisas de um determinado gênero deverão ser entregues: quaisquer coisas do gênero determinado. Só se pode admitir a extinção da obrigação se todo o gênero perecer, o que é raro. Se assim ocorrer, e todo o gênero perecer, excepciona-se a regra geral do artigo 246, o que é admitido em uma só voz em doutrina.[38]

---

[37] COELHO, Fábio Ulhoa. *Curso de Direito Civil*. V. II. São Paulo: Saraiva, 2004, p. 53.

[38] VIANNA, Ragner Limongeli. Modalidade das obrigações: obrigações de dar. *In*: LOTUFO, Renan; NANNI, Giovanni Ettore (coordenadores). Obrigações. São Paulo: Editora Atlas, 2011, p. 112.

É criterioso observar que o CC ainda trata das obrigações de restituir, coisa certa e coisa incerta, de relevância prática para os contratos de aluguel e empréstimo, por exemplo. Na teoria as regras são muito próximas, pela próxima dicção dos artigos.

Vale considerar nesta oportunidade que o Código de Processo Civil prevê regras específicas para as ações de execução de dar coisa certa e incerta, não afastando a aplicação das regras próprias do procedimento executório.

Lembramos também que, diante da responsabilidade patrimonial, os bens do devedor estão sujeitos à execução processual. Tal responsabilidade patrimonial é um vínculo de direito processual público, consistente na sujeição dos bens do devedor a serem destinados a satisfazer o credor que não recebeu a prestação devida, através da realização da sanção por parte do órgão judiciário.[39]

3.2. Obrigação de fazer

Na **obrigação de fazer**, o devedor obriga-se a prestar uma atividade em favor do credor ou a quem ele indicar. Trata, portanto, de um comportamento humano (prestação de serviços, prática de ato ou negócio jurídico).[40]

A atividade do devedor poderá ser personalíssima (infungível) ou não personalíssima (fungível). Será personalíssima quando a atividade a ser prestada, ou por sua natureza, ou pela condição do devedor ou pela vontade expressa das partes, só possa ser prestada pelo devedor. Portanto, deve ser expressa ou resultar das características da prestação.

---

[39] GIANULO, Wilson. *Novo código civil explicado e aplicado ao processo*. V. I. São Paulo: Jurídica Brasileira, 2003, p. 390.

[40] COELHO, Fábio Ulhoa. *Curso de Direito Civil*. V. II. São Paulo: Saraiva, 2004, p. 60.

É o caso do jogador de futebol contratado por um time: trata-se de obrigação personalíssima, pois nenhum outro executaria a mesma atividade, com as características pessoais do devedor. Um pintor famoso, que adota uma técnica especial de pintura que poucos dominam, também empresta caráter personalíssimo à obrigação.

Veja como nos ensina Roxana Cardoso Brasileiro Borges:

> Já nas prestações de fazer infungíveis, a atividade só pode ser realizada pelo próprio devedor, não podendo este se fazer substituir por terceiro, pois não satisfará o interesse do credor, uma vez que o devedor deve ter sido contratado em razão de suas qualidades e habilidades pessoais e em razão da confiança ou admiração que o credor nele deposita, ou por ser a única pessoa em condições de realizar o fato (infungibilidade lógica ou natural, ou implícita, decorrente das circunstâncias do negócio).[41]

Por outro lado, a obrigação não será personalíssima quando outra pessoa, que não o devedor, possa praticar a atividade descrita na prestação, como no caso da construção de um muro por um pedreiro, do transporte de passageiros para determinado local etc.

Vejamos como caiu:

> (OAB/SP – 135º Exame de Ordem) – Constitui obrigação de fazer materialmente infungível aquela que:
> (a) recaia sobre prestação de coisa certa;
> (b) não admita substituição da pessoa do devedor por outrem, em decorrência da natureza da obrigação, do contrato ou das circunstâncias da situação concreta;

---

[41] BORGES, Roxana Cardoso Brasileiro. Obrigações de fazer e de não fazer. *In*: LOTUFO, Renan; NANNI, Giovanni Ettore (coordenadores). Obrigações. São Paulo: Editora Atlas, 2011, p. 121.

> (c) possa ser prestada por terceira pessoa;
> (d) seja referente a coisas ainda não individualizadas, porque designadas apenas pelo gênero a que pertencem e a sua qualidade, peso ou medida.
> Resposta B.

Em outras palavras, ao que se refere às obrigações de fazer não personalíssimas ou fungíveis:

> Em razão da ênfase depositada no comportamento do devedor, as obrigações de fazer classificam-se em fungíveis ou infungíveis. As primeiras são aquelas cuja ação objeto de prestação pode ser praticada por qualquer pessoa com idênticas habilidades das do devedor. Em outros, nelas, a conduta do sujeito passivo pode ser substituída, sem prejuízo nenhum para a realização das finalidades da obrigação, pela de outra pessoa.[42]

Segundo o disposto no artigo 247 do CC,[43] havendo recusa de fazer obrigação personalíssima, resolve-se a obrigação em perdas e danos. Assim, se o jogador se recusa a jogar, o time que o contrata não teria, segundo a letra do CC, nenhum outro meio de exercer coerção ou coação.

Discordamos, como grande parte da doutrina, desse ponto. A legislação e o sistema jurídico devem ser integrados e interpretados como um conjunto, permitindo que o encaixe realizado produza a justiça esperada. É possível, então, na maioria das situações, que o credor encontre no Código de Processo Civil (artigos 287, 461 e 461 A) e em legislações extravagantes (exemplo, Código de Defesa do Consumidor) dispositivos legais que o permitem executar a obrigação de fazer, como,

---

[42] COELHO, Fábio Ulhoa. *Curso de Direito Civil*. V. II. São Paulo: Saraiva, 2004, p. 63.

[43] Art. 247. Incorre na obrigação de indenizar perdas e danos o devedor que recusar a prestação a ele só imposta, ou só por ele exequível.

por exemplo, a obrigação do devedor de emitir declaração de vontade na outorga de escritura pública na venda de imóvel.

O juiz, no processo, pode conceder prazo para o devedor cumprir, inclusive, fixando penalidade de multa diária ou cominatória (*astreinte* do Direito Francês) pelo atraso. E, ainda, se o caso, nas situações em que a atividade do devedor seja declarar vontade, poderá o juiz, após o não cumprimento da decisão, substituir a vontade do devedor (artigo 461 do CPC), como, por exemplo, outorgando a escritura pública do imóvel vendido na ação de adjudicação compulsória, ou ainda no preenchimento de documento de compra e venda de veículo automotor.

Como em todas as obrigações, pelo artigo 248 do CC,[44] a impossibilidade de fazer sem culpa do devedor extingue a obrigação. Mas se a impossibilidade for culposa, aplica-se penalidade de pagamento das perdas e danos, tudo conforme veremos melhor no estudo do inadimplemento.

Vejamos como caiu:

> (2ª Fase do VII Exame da OAB 2012.1 – QUESTÃO 4) – Carlos, arquiteto famoso e extremamente talentoso, assina um contrato de prestação de serviços com Marcelo, comprometendo-se a elaborar e executar um projeto de obra de arquitetura no prazo de 6 (seis) meses. Destaque-se, ainda, que Marcelo procurou os serviços de Carlos em virtude do respeito e da reputação que este possui em seu ramo de atividade. Entretanto, passado o prazo estipulado e, após tentativas frustradas de contato, Carlos não realiza o serviço contratado, não restando alternativa para Marcelo a não ser a propositura de uma ação judicial. Diante do caso concreto, responda fundamentadamente:

---

[44] Art. 248. Se a prestação do fato tornar-se impossível sem culpa do devedor, resolver-se-á a obrigação; se por culpa dele, responderá por perdas e danos.

> a) Tendo em vista tratar-se de obrigação de fazer infungível (personalíssima), de que maneira a questão poderá ser solucionada pelo Poder Judiciário?
> b) Considere que, em uma das cláusulas contratuais estipuladas, Carlos e Marcelo, em vez de adotarem o prazo legal previsto no Código Civil, estipulam um prazo contratual de prescrição de 10 anos para postular eventuais danos causados. Isso é possível?

Ao lado das obrigações personalíssimas, como vimos, temos as obrigações em que o fato pode ser executado por terceiro. Sendo assim, havendo recusa ou mora do devedor, que pode ser substituído, em fazer, nos termos do artigo 249 do CC,[45] o credor poderá mandar executar por terceiro, às custas do devedor (portanto, ele arcará com os valores do serviço do terceiro), sem prejuízo de indenização por perdas e danos cabível. Nesta mesma linha, o terceiro só poderá ser contratado sem autorização judicial, caso se tratar de situação urgente. Não sendo urgente a contratação deve ser precedida de autorização judicial, conforme parágrafo único do artigo acima mencionado.

3.3. Obrigação de não fazer

A chamada **obrigação negativa** recebe também tratamento específico do CC. Seu artigo 250[46] nos diz que a im-

---

[45] Art. 249. Se o fato puder ser executado por terceiro, será livre ao credor mandá-lo executar à custa do devedor, havendo recusa ou mora deste, sem prejuízo da indenização cabível.
Parágrafo único. Em caso de urgência, pode o credor, independentemente de autorização judicial, executar ou mandar executar o fato, sendo depois ressarcido.

[46] Art. 250. Extingue-se a obrigação de não fazer, desde que, sem culpa do devedor, se lhe torne impossível abster-se do ato, que se obrigou a não praticar.

possibilidade sem culpa extinguirá a obrigação, tal qual a regra geral.[47]

Complementando, o legislador diz que, quando praticado o ato, pode o credor exigir que o devedor desfaça, sob pena de o fazer a suas custas, além de poder exigir perdas e danos, conforme artigo 251.[48] O parágrafo único deste repete a regra de que o credor poderá contratar terceiro para desfazer sem autorização judicial somente nos casos de urgência.

Vejamos um exemplo do próprio código: no caso de servidão predial, o dono do prédio serviente não poderá embaraçar de modo algum o exercício legítimo da servidão, ou seja, trata-se de uma obrigação de não fazer (artigos 1.378 e 1.383 do CC).[49]

Vale lembrar que algumas obrigações de não fazer não podem ser desfeitas e que, quando culposamente realizado o ato proibido, caberão perdas e danos e eventual multa contratual. É o exemplo do jogador de futebol que tem contrato de exclusividade com uma empresa de produtos esportivos e que é flagrado usando outra marca; ele violou a obrigação negativa e não há como desfazer o ato praticado, restando, se o caso, rescisão ou rompimento do vínculo contratual e exigência de perdas e danos, além da multa do contrato, se houver.

Vejamos como caiu:

---

[47] Assim, por exemplo, não pode deixar de atender à determinação da autoridade competente, para construir muro ao redor de sua residência, o devedor que prometera cercas-vivas (Gonçalves, Carlos Roberto. Direito civil brasileiro. V. II. Teoria geral das obrigações. São Paulo: Saraiva, 2004, p. 80).

[48] Art. 251. Praticado pelo devedor o ato, a cuja abstenção se obrigara, o credor pode exigir dele que o desfaça, sob pena de se desfazer à sua custa, ressarcindo o culpado perdas e danos.
Parágrafo único. Em caso de urgência, poderá o credor desfazer ou mandar desfazer, independentemente de autorização judicial, sem prejuízo do ressarcimento devido.

[49] Art. 1.378. A servidão proporciona utilidade para o prédio dominante, e grava o prédio serviente, que pertence a diverso dono, e constitui-se mediante declaração expressa dos proprietários, ou por testamento, e subsequente registro no Cartório de Registro de Imóveis.
Art. 1.383. O dono do prédio serviente não poderá embaraçar de modo algum o exercício legítimo da servidão.

> (2ª Fase do Exame 2010.3 – QUESTÃO 3) – Márcio Moraes Veloso, famoso perfumista, foi contratado para desenvolver uma nova fragrância de um perfume pela empresa Cheiro Bom. O perfumista criou a fórmula inspirado em sua namorada, Joana, e deu seu nome ao perfume. Foi pactuado entre Márcio e a empresa Cheiro Bom que o perfumista jamais revelaria a fórmula da nova fragrância a terceiros. Contudo, objetivando fazer uma surpresa no dia do aniversário de Joana, Márcio presenteia a namorada com uma amostra do perfume e, por descuido, inclui na caixa anotações sobre a fórmula. Joana, acreditando que as anotações faziam parte da surpresa, mostra para todos os colegas da empresa Perfumelândia, onde trabalha. Dias depois,
>
> Márcio é surpreendido com a notícia de que a fórmula da nova fragrância havia sido descoberta pela concorrente. Considerando o caso relatado, responda aos itens a seguir, empregando os argumentos jurídicos apropriados e a fundamentação legal pertinente ao caso.
> a) Ao revelar a fórmula do perfume, pode-se afirmar que Márcio está em mora?
> b) Neste caso, pode o credor demandar judicialmente o cumprimento da obrigação cumulada com pedido de perdas e danos?

Vale ressaltar, desde já, que a mora (o atraso, o inadimplemento) nas obrigações negativas é presumida pelo só descumprimento do dever de abstenção, independentemente de qualquer intimação.[50] No que tange às questões processuais

---

[50] GONÇALVES, Carlos Roberto. *Direito civil brasileiro*. V. II. Teoria geral das obrigações. São Paulo: Saraiva, 2004, p. 80.

da execução de obrigação de não fazer, verificar os artigos 287 e 461 do Código de Processo Civil.

3.4. Obrigação alternativa

Na **obrigação alternativa**, encontramos pluralidade de objetos, sendo que o devedor cumpre a obrigação entregando apenas um dos objetos. A obrigação pode ter como objeto duas ou mais prestações, que se excluem no pressuposto de que somente uma delas deve ser satisfeita mediante escolha do devedor ou do credor.[51] Sendo assim, inicialmente, é preciso fixar quem dos sujeitos irá escolher o objeto a ser prestado, seguindo-se na linha do artigo 252 do CC e seus parágrafos.[52]

Vejamos o que diz Adriano Ferriani:

> Obrigação com prestações alternativas é aquela que compreende a possibilidade de pagamento de duas ou mais prestações, com distintos objetos, de forma que o cumprimento de apenas uma ou algumas delas liberte o devedor do vínculo jurídico, sem a necessidade de cumprimento das demais. As obrigações são reciprocamente excludentes. Estão ligadas pela disjuntiva "ou", diferentemente das cumulativas, que estão conectadas pela conjunção aditiva "e". O devedor obriga-se, por exemplo, a pagar uma joia ou um carro. Se pagar um dos objetos, livra-se instantaneamen-

---

[51] GOMES, Orlando. *Obrigações*. 16 ed. Rio de Janeiro: Forense, 2004, p. 87.

[52] Art. 252. Nas obrigações alternativas, a escolha cabe ao devedor, se outra coisa não se estipulou.
§ 1º Não pode o devedor obrigar o credor a receber parte em uma prestação e parte em outra.
§ 2º Quando a obrigação for de prestações periódicas, a faculdade de opção poderá ser exercida em cada período.
§ 3º No caso de pluralidade de optantes, não havendo acordo unânime entre eles, decidirá o juiz, findo o prazo por este assinado para a deliberação.
§ 4º Se o título deferir a opção a terceiro, e este não quiser, ou não puder exercê-la, caberá ao juiz a escolha se não houver acordo entre as partes.

te do vínculo jurídico, que se extingue. As obrigações alternativas podem ser da mesma modalidade (duas obrigações de dar) ou de modalidades diferentes. Exemplo: uma obrigação de fazer ou uma de dar.[53]

A regra do Código Civil é de que a escolha pertence ao devedor, salvo estipulação em contrário. Essa deferência ao devedor decorre do fato de ser considerado o mais fraco na relação contratual.[54] Sendo que a prestação não pode ser parte em um objeto e parte em outro, ou seja, deve ser escolhido o objeto entre os vários possíveis e a prestação deve incidir sobre ele. Por exemplo, havendo uma obrigação de entrega de 100 sacas de café ou de 100 sacas de milho, não poderá o devedor prestar 50 de cada para livrar-se do vínculo obrigacional.

Quanto à forma do ato de escolha (concentração):

> Não existe forma especial para a comunicação. Basta a declaração unilateral da vontade, sem necessidade de aceitação. Comunicada a escolha, a obrigação se concentra em objeto determinado, não podendo mais ser exercido o *jus variandi*. Torna-se ela definitiva e irrevogável, salvo se em contrário dispuserem as partes ou a lei.[55]

Por outro lado, se a obrigação tratar de prestações periódicas, a escolha será realizada a cada período, podendo alternar-se entre os objetos. Imaginem que todo dia 10, durante três meses, o devedor terá de prestar ou um carro ou uma motocicleta. No primeiro mês a escolha pode incidir no carro, no se-

---

[53] FERRIANI, Adriano. Obrigações alternativas e facultativas. *In*: LOTUFO, Renan; NANNI, Giovanni Ettore (coordenadores). *Obrigações*. São Paulo: Editora Atlas, 2011, p. 142.

[54] GONÇALVES, Carlos Roberto. *Direito civil brasileiro*. V. II. Teoria geral das obrigações. São Paulo: Saraiva, 2004, p. 86.

[55] GONÇALVES, Carlos Roberto. *Direito civil brasileiro*. V. II. Teoria geral das obrigações. São Paulo: Saraiva, 2004, p. 87.

gundo, na motocicleta, e no terceiro, na motocicleta de novo. Isto porque, a cada momento de pagamento escolhe-se novamente entre os objetos, criando várias hipóteses possíveis.

As partes também podem optar que a escolha seja feita por terceiro. Caso este se recuse ou esteja impossibilitado de escolher, e inexistindo consenso entre as partes, o juiz será chamado para decidir, através de procedimento judicial.

Além da questão da escolha nas obrigações alternativas, com pluralidade de objetos, é preciso fixar, neste segundo momento, as soluções que o código apresenta para a impossibilidade de uma ou de todas as prestações.

Pelo artigo 253 do CC[56] se uma das prestações tornar-se inexequível (porque foi, por exemplo, penhorada por outra pessoa, ou porque o objeto é ilícito) ou impossível (porque se perdeu), sem culpa atribuível às partes, a obrigação não será extinta, subsistindo quanto à outra prestação. É a teoria da redução do objeto. Exemplificando: se a obrigação é de entregar um veículo ou uma moto e, esta vem a ser destruída, a obrigação continua existindo e o devedor terá de entregar o carro, ou seja, a prestação que subsiste.

Vejamos como caiu:

(OAB/SP – 120º Exame de Ordem) – Se A deve pagar a B R$ 200.000,00 ou entregar-lhe o imóvel X, que se tornou inalienável.
(a) o credor poderá exigir ou a prestação subsistente ou o valor da outra, com perdas e danos;
(b) o negócio será válido somente quanto à prestação restante, aplicando-se a tese da redução do objeto;

---

[56] Art. 253. Se uma das duas prestações não puder ser objeto de obrigação ou se tornada inexequível, subsistirá o débito quanto à outra.

(c) a obrigação extinguir-se-á, liberando-se as partes;
(d) o devedor fica obrigado a pagar o valor da última prestação, que se impossibilitou, mais as perdas e danos.
Resposta B

Na mesma esteira, se todas as obrigações (e não apenas uma) tornarem-se impossíveis ou inexequíveis sem culpa do devedor, extingue-se a obrigação (porque não haverá obrigação subsistente), seguindo-se a linha geral, conforme artigo 256 do CC.[57]

Vejamos agora a impossibilidade culposa. Se a escolha for do devedor e por culpa sua as prestações, todas, impossibilitarem-se, ele pagará pelo valor da última impossibilitada (equivalente), mais as perdas e danos (em virtude da culpa), nos termos do artigo 254 do CC.[58]

Ressalta-se, ainda, que se a escolha for do credor e a culpa pelo perecimento da prestação for do devedor, caberá ao credor (porque tinha o direito de escolha) optar entre a subsistente (caso exista ainda prestação possível) ou o valor de qualquer delas, sempre cumulado com perdas e danos, em virtude da culpa (artigo 255 do CC).[59]

Por fim, antes de adentrar nos temas seguintes, é preciso apontar a existência de outra modalidade, coligada ao estudo

---

[57] Art. 256. Se todas as prestações se tornarem impossíveis sem culpa do devedor, extinguir-se-á a obrigação.

[58] Art. 254. Se, por culpa do devedor, não se puder cumprir nenhuma das prestações, não competindo ao credor a escolha, ficará aquele obrigado a pagar o valor da que por último se impossibilitou, mais as perdas e danos que o caso determinar.

[59] Art. 255. Quando a escolha couber ao credor e uma das prestações tornar-se impossível por culpa do devedor, o credor terá direito de exigir a prestação subsistente ou o valor da outra, com perdas e danos; se, por culpa do devedor, ambas as prestações se tornarem inexequíveis, poderá o credor reclamar o valor de qualquer das duas, além da indenização por perdas e danos.

das obrigações cumulativas e alternativas. São as obrigações facultativas. Não foram identificadas na legislação, apesar de sua possível aplicação, sobretudo, nas relações contratuais, já que não foram proibidas pelo CC.

> A obrigação facultativa prevê uma única prestação como objeto, mas admite a possibilidade de pagamento de outra prestação em seu lugar (uma *res obligatione, plures in facultate solutionis*). Exemplo: Fulano deve uma joia, mas pode pagar um carro no lugar da joia porque assim foi ajustado.[60]

Existe a faculdade para o devedor de cumprir a obrigação de outra forma, diferentemente do que foi pactuado. Trata-se de alternativa, neste caso, unidirecional, o que a diferencia da escolha nas obrigações alternativas. Um exemplo prático, possível, é aquele em que uma loja faz uma promoção dizendo premiar o cliente que comprar em determinada data com a entrega de um objeto promocional, por exemplo, uma caneta. Mas nos termos da promoção a loja poderá a seu critério substituir a caneta por outro brinde. Sendo assim, a entrega da caneta ou de qualquer outro objeto traz como consequência a extinção da obrigação.

3.5. Obrigações divisíveis e indivisíveis

Bem divisível é aquele que pode ser dividido em partes sem que isso implique em perda de sua substância, utilidade ou valor econômico. É possível dividir em partes 100 sacas de café ou uma quantia de dinheiro, contudo, não ocorre o mesmo com

---

[60] FERRIANI, Adriano. Obrigações alternativas e facultativas. *In*: LOTUFO, Renan; NANNI, Giovanni Ettore (coordenadores). *Obrigações*. São Paulo: Editora Atlas, 2011, p. 150.

um veículo, pois se repartido não servirá mais para o que se prestava e não terá o mesmo valor econômico.

Se o bem é divisível e a obrigação contempla unidade em ambos os polos (um credor e um devedor), a solução é fácil. Tão fácil quanto imaginar um bem divisível e pluralidade de credores, pois o devedor somente deverá dividir a prestação em tantas partes quantos forem os credores.

O problema surgirá, e aí entra o CC para resolver, quando houver pluralidade de sujeitos e o objeto da prestação for indivisível, como no caso do carro. Se houver como prestação um carro e dois forem os credores, precisaremos verificar a solução legal para que o devedor possa cumprir com sua obrigação.

Vejamos, em resumo, o apontamento do autor Wilson Gianulo:

> As prestações são de regra divisíveis, podendo tornar-se indivisíveis por força da lei, por exemplo, lote de terreno que não pode ter metragem menor que certa quantidade de metros quadrados.
>
> Assumem ainda as prestações o caráter de indivisibilidade pela vontade das partes, quando vierem elas a entender que cem sacas de café deverão ser entregues na totalidade.
>
> De outro tanto, a indivisibilidade pode defluir da natureza do objeto, que é o que pode ocorrer se várias pessoas se comprometerem a dar uma obra de arte.
>
> As obrigações múltiplas-conjuntas (com mais de um credor ou mais de um devedor) presumem-se divisíveis proporcionalmente entre os devedores, quando não se convencionar de forma diversa.[61]

---

[61] GIANULO, Wilson. *Novo código civil explicado e aplicado ao processo*. São Paulo: Jurídica Brasileira, 2003, p. 428.

Realmente, pelo artigo 257 do CC,[62] havendo pluralidade de sujeitos e sendo divisível o objeto, estaremos diante de uma **obrigação divisível** e presume-se a prestação dividida em tantas obrigações, iguais e distintas, quantas forem as partes (*concursu partes fiunti*), sendo a regra geral de fácil aplicação, justamente em virtude da divisibilidade do objeto.

Vale destacar que a regra do artigo 257 nos faz observar que a divisão entre os sujeitos é feita de forma igualitária, em frações iguais. Observemos o que diz Carlos Alberto Ferrariani:

> Nada impede, porém, que a convenção estabeleça percentuais diferentes no débito comum ou no crédito comum. No silêncio das partes, a divisão se processa em parcelas iguais quantos sejam os devedores, os credores, ou ambos. Instituiu o texto uma presunção. Trata-se, porém, de presunção legal relativa, ou *júris tantum*, sendo admitido demonstrar que as obrigações fracionadas, conquanto mantenham o caráter de obrigações distintas, não são iguais. Noutras palavras: o art. 257 não tem natureza cogente.[63]

O artigo 258 do mesmo código[64] aponta seu conceito ao dizer que será **indivisível** a obrigação quando a prestação tenha por objeto uma coisa ou um fato não suscetíveis de divisão, por sua natureza, por motivo de ordem econômica, ou dada a razão determinante do negócio jurídico.

Em tese, a indivisibilidade surge, como característica de alguns objetos, posto que dividi-los seria prejudicar a subs-

---

[62] Art. 257. Havendo mais de um devedor ou mais de um credor em obrigação divisível, esta presume-se dividida em tantas obrigações, iguais e distintas, quantos os credores ou devedores.

[63] FERRIANI, Adriano. Obrigações alternativas e facultativas. *In*: LOTUFO, Renan; NANNI, Giovanni Ettore (coordenadores). *Obrigações*. São Paulo: Editora Atlas, 2011, p. 161.

[64] Art. 258. A obrigação é indivisível quando a prestação tem por objeto uma coisa ou um fato não suscetíveis de divisão, por sua natureza, por motivo de ordem econômica, ou dada a razão determinante do negócio jurídico.

tância e a utilidade dos mesmos, como no exemplo do veículo automotor.

E, ainda, essa indivisibilidade, que ordinariamente vem da natureza de seu objeto pode, excepcionalmente, decorrer da lei ou da vontade das partes (artigo 88 do CC),[65] como no caso do crédito em dinheiro que é objeto divisível, mas que, por convenção das partes, pode a prestação, em dinheiro, ser indivisível, ou seja, ser paga e exigível em única parcela.[66]

Havendo **pluralidade de devedores** em prestação indivisível, cada um será obrigado pelo todo da obrigação. Assim, se Alberto é credor de Benedito e Carlos da entrega de um veículo, o primeiro pode exigir de qualquer um deles a entrega do objeto indivisível, no todo, justamente pela natureza da prestação. Caso Benedito, por exemplo, pague a Alberto com a entrega do veículo, ele passa a ter o direito do credor Alberto, podendo cobrar, como credor, a parte que cabia a Carlos.

É o que chamamos de sub-rogação nos direitos do credor, tal qual descrito no artigo 259 do CC.[67] Se Benedito pagou com a entrega do veículo, sub-roga-se nos direitos de Alberto, passando a ter o direito de cobrar de Carlos o valor da metade do carro.

Havendo **pluralidade de credores** e sendo o objeto indivisível, cada um deles poderá sozinho exigir a dívida toda.

Assim, se Daniel e Eduardo são credores de Frederico da entrega de um veículo, é legítimo que Eduardo cobre a entrega do carro sozinho, porque o bem é indivisível, não se apli-

---

[65] Art. 88. Os bens naturalmente divisíveis podem tornar-se indivisíveis por determinação da lei ou por vontade das partes.

[66] Rodrigues, Silvio. *Direito Civil*. V. II. Parte geral das obrigações. 30 ed. São Paulo: Saraiva, 2002, p. 56.

[67] Art. 259. Se, havendo dois ou mais devedores, a prestação não for divisível, cada um será obrigado pela dívida toda.
Parágrafo único. O devedor, que paga a dívida, sub-roga-se no direito do credor em relação aos outros coobrigados.

cando a regra *concursu partes fiunti*. O devedor, entretanto, desobriga-se pagando a todos ao mesmo tempo ou pagando a um dos credores apenas, dando este que recebe caução de ratificação dos demais (uma garantia de que os demais o autorizam a receber sozinho e que ratificarão o recebimento) nos termos do artigo 260 do CC.[68] Em complemento:

> Para livrar-se do vínculo existente com os credores, é forçoso que o devedor que a um deles paga exija deste que está recebendo, o *accipiens*, caução de ratificação dos demais. Ou seja, uma garantia de que os demais credores confirmam o pagamento. Caução é garantia. Ratificação é confirmação. Esta providência há de ser efetivada na quitação regular a que tem direito o devedor que paga, conforme disposto no art. 319 do Código.[69]

Se um sozinho receber o bem indivisível, havendo pluralidade de credores, os demais credores poderão cobrá-lo da parte que lhes cabia, em dinheiro. Assim, se Daniel, credor da entrega de um carro ao lado de Eduardo, vem a receber o veículo, deverá pagar a Eduardo a metade do valor do carro, em dinheiro (artigo 261 do CC).[70]

Ainda sobre a pluralidade de credores na obrigação indivisível, o CC, no artigo 262,[71] trata da remissão, ou seja, do perdão

---

[68] Art. 260. Se a pluralidade for dos credores, poderá cada um destes exigir a dívida inteira; mas o devedor ou devedores se desobrigarão, pagando:
I – a todos conjuntamente;
II – a um, dando este caução de ratificação dos outros credores.

[69] Ferriani, Adriano. Obrigações alternativas e facultativas. *In*: Lotufo, Renan; Nanni, Giovanni Ettore (coordenadores). *Obrigações*. São Paulo: Editora Atlas, 2011, p. 164.

[70] Art. 261. Se um só dos credores receber a prestação por inteiro, a cada um dos outros assistirá o direito de exigir dele em dinheiro a parte que lhe caiba no total.

[71] Art. 262. Se um dos credores remitir a dívida, a obrigação não ficará extinta para com os outros; mas estes só a poderão exigir, descontada a quota do credor remitente.
Parágrafo único. O mesmo critério se observará no caso de transação, novação, compensação ou confusão.

da dívida. Diz que a remissão concedida por um dos credores não prejudica os demais, mas estes só poderão cobrar a diferença.

A solução apontada aplica-se em todas as formas de extinção da obrigação, como a transação, a novação, a compensação e a confusão, institutos que estudaremos pouco adiante. Um exemplo ilustra a hipótese de remissão:

> Figuremos três pessoas credoras de máquina fotográfica e imaginemos que uma delas abra mão de seu crédito em benefício do devedor. Os demais podem exigir a entrega do objeto, mas para o fazerem terão de pagar ao devedor a importância correspondente ao crédito remitido.[72]

Até agora as disposições do CC consideraram a prestação indivisível para traçar soluções. Contudo, pode ocorrer que, por culpa do devedor, aquela prestação se torne impossível. Havendo culpa, converte-se em perdas e danos. Estas, por sua vez, serão fixadas em valor pecuniário, ou seja, em dinheiro.

Sendo assim, aquela prestação que se perdeu e que era indivisível passou a ser divisível, pois agora fixada em dinheiro. Portanto, diz o artigo 263 do CC[73] que perde a qualidade de indivisível a obrigação que se resolver em perdas e danos. Isto ocorre justamente porque a qualidade de indivisível da obrigação está ligada à qualidade de indivisibilidade da prestação; se esta última se torna divisível, a obrigação também.

---

[72] RODRIGUES, Silvio. *Direito Civil*. V. II. Parte geral das obrigações. 30 ed. São Paulo: Saraiva, 2002, p. 60.

[73] Art. 263. Perde a qualidade de indivisível a obrigação que se resolver em perdas e danos.
§ 1º Se, para efeito do disposto neste artigo, houver culpa de todos os devedores, responderão todos por partes iguais.
§ 2º Se for de um só a culpa, ficarão exonerados os outros, respondendo só esse pelas perdas e danos.

Vejamos como caiu:

(OAB/SP – 127º Exame de Ordem) – Antonio obrigou-se a entregar a Benedito, Carlos, Dario e Ernesto um touro reprodutor, avaliado em R$ 80.000,00 (oitenta mil reais). Embora bem guardado e bem tratado em lugar apropriado, foi esse animal atingido por um raio, vindo a morrer. Nesse caso, a obrigação é:
(a) indivisível e tornou-se divisível com o perecimento do objeto, sem culpa do devedor;
(b) indivisível e tornou-se divisível, com o perecimento do objeto por culpa do devedor; (c) tão somente indivisível, com ausência de culpa do devedor, ante o perecimento do objeto;
(d) solidária, devendo o valor de R$ 80.000,00 (oitenta mil reais) ser entregue a qualquer dos credores, em lugar do objeto perecido.
Resposta: A

(OAB/SP – 123º Exame de Ordem) – "A" e "B" obrigaram-se a entregar a "C" e "D" um boi de raça, que fugiu por ter sido deixada aberta a porteira, por descuido de "X", funcionário de "A" e "B". Pode-se dizer que a obrigação é:
(a) indivisível, que se tornou divisível pela perda do objeto da prestação, com responsabilidade dos devedores "A" e "B", pela culpa de "X", seu funcionário;
(b) solidária, com responsabilidade dos devedores "A" e "B", por culpa de seu funcionário, ante a perda do objeto da obrigação;
(c) indivisível, tornando-se divisível com o perecimento do objeto, sem culpa dos devedores "A" e "B" e sem responsabilidade destes;
(d) simplesmente, divisível com o perecimento do objeto da prestação, respondendo objetivamente "A" e "B" pela culpa de seu empregado "X".
Resposta: A

Havendo culpa na impossibilidade e convertida a obrigação em perdas e danos, é preciso configurar a responsabilidade de cada um dos devedores no pagamento dos valores dos prejuízos: só o culpado responde pelas perdas e danos.

3.6. Obrigações solidárias

Como vimos, nas obrigações complexas, com pluralidade de sujeitos, a regra comum está na aplicação do brocardo: *concursu partis fiunti*, repartindo-se a obrigação em tantas partes quantos forem os sujeitos envolvidos. A não aplicação desse princípio se dá em duas exceções: quando o objeto da prestação for indivisível e, também, quando houver solidariedade entre os sujeitos.

Já estudamos a obrigação indivisível, agora estudaremos a obrigação solidária. Em ambas se aplica o brocardo acima, mas há regras específicas para cada uma delas. Veja o que diz a doutrina:

> Mas indivisibilidade e solidariedade distinguem-se pela causa. A indivisibilidade resulta de obstáculo ao fracionamento da obrigação, ainda quando criado em razão do que se quer obter, enquanto a solidariedade é garantia que nada tem a ver com o conteúdo da prestação.[74]

Quanto à natureza da solidariedade, apesar das controvérsias doutrinárias, concordamos com o ensinamento de Carlos Roberto Gonçalves, fazendo analogia da solidariedade com a fiança:

> A solidariedade constitui, assim, modo de assegurar o cumprimento da obrigação, reforçando-a e estimulando o pagamento do débito. Sendo vários os devedores, a lei ou as partes, pretendendo facilitar o recebimento do crédito e principalmente prevenir o credor contra o

---

[74] GOMES, Orlando. *Obrigações*. 16 ed. Rio de Janeiro: Forense, 2004, p. 92.

risco da insolvência de algum dos obrigados, estabelecerão o regime da solidariedade ativa.[75]

Segundo o artigo 264 do CC,[76] há solidariedade quando na mesma obrigação concorre mais de um credor, ou mais de um devedor, cada um com direito, ou obrigado, à dívida toda. Ou seja, ao invés da divisão em tantas partes quantos forem os sujeitos, temos que cada um dos vários credores pode exigir do devedor comum a totalidade da prestação; ou cada um dos devedores tem de pagar ao credor comum a dívida integral.[77]

Tendo em vista tratar-se de uma exceção à regra geral, a solidariedade não se presume, devendo resultar da expressa disposição legal ou da vontade das partes (artigo 265 do CC).[78] Sendo assim, caso não tenha ocorrido expressa previsão em lei ou expressa manifestação de vontade das partes vinculadas, não haverá solidariedade.

Ressalta-se que a obrigação solidária não se confunde com as obrigações indivisíveis, estas relacionadas diretamente com o objeto da prestação, como bem destaca Antonio Carlos Morato:

> Realmente, não podemos confundir a indivisibilidade da prestação com a indivisibilidade da coisa em si; pois, do contrário, não haveria qualquer distinção entre a chamada obrigação indivisível (que envolve a entrega de bens indivisíveis, tais como um cavalo, um quadro, um relógio, uma joia etc.) e a obrigação solidária.[79]

---

[75] GONÇALVES, Carlos Roberto. *Direito civil brasileiro*. V. II. Teoria geral das obrigações. São Paulo: Saraiva, 2004, p. 117.

[76] Art. 264. Há solidariedade, quando na mesma obrigação concorre mais de um credor, ou mais de um devedor, cada um com direito, ou obrigado, à dívida toda.

[77] RODRIGUES, Silvio. *Direito Civil*. V. II. Parte geral das obrigações. 30 ed. São Paulo: Saraiva, 2002, p. 62.

[78] Art. 265. A solidariedade não se presume; resulta da lei ou da vontade das partes.

[79] MORATO, Antonio Carlos. Obrigações solidárias. *In*: LOTUFO, Renan; NANNI, Giovanni Ettore (coordenadores). *Obrigações*. São Paulo: Editora Atlas, 2011, p. 179.

A pluralidade de sujeitos pode ser passiva ou ativa, o mesmo ocorrendo com a solidariedade: passiva ou ativa.

Na **solidariedade ativa**,[80] com pluralidade de credores, cada um desses pode exigir por inteiro a dívida toda (artigo 267 do CC).[81] Se Alberto e Benedito são credores de Carlos da entrega de uma bicicleta e há solidariedade ativa, qualquer um deles pode exigir a entrega da bicicleta. O mesmo se o objeto fosse a entrega de dinheiro, cada um poderia exigir o todo, pois na solidariedade não importa a divisibilidade ou a indivisibilidade do objeto.

O devedor poderá pagar a qualquer um, a sua escolha, porém, ao ser demandado, exigido, por um, deverá pagar a este e não aos demais. O código brasileiro seguiu o código francês e a tradição romana, com a adoção do princípio da liberdade de escolha.[82]

Nas condições acima, o pagamento feito a um extinguirá a obrigação somente até o valor pago. Se Alberto e Benedito são credores solidários de Carlos da entrega de mil reais e, Carlos, demandado por Benedito, entrega-lhe como pagamento quinhentos reais, a dívida não se extinguirá por inteiro, mas somente até o valor pago. Tanto Benedito quanto Carlos continua podendo cobrar o restante, diante da solidariedade (artigos 268 e 269 do CC).[83]

---

[80] A doutrina é uníssona em afirmar que o instituto não apresenta uso no dia a dia dos negócios, justamente porque apresenta vários inconvenientes, como o caso de insolvência do credor que receber ou o não pagamento das quotas dos demais por quem recebe exigindo ação judicial etc.

[81] Art. 267. Cada um dos credores solidários tem direito a exigir do devedor o cumprimento da prestação por inteiro.

[82] GONÇALVES, Carlos Roberto. *Direito civil brasileiro*. V. II. Teoria geral das obrigações. São Paulo: Saraiva, 2004, p. 126.

[83] Art. 268. Enquanto alguns dos credores solidários não demandarem o devedor comum, a qualquer daqueles poderá este pagar.
Art. 269. O pagamento feito a um dos credores solidários extingue a dívida até o montante do que foi pago.

O código trata também do falecimento de credor na solidariedade ativa. No artigo 270 do CC[84] estabeleceu o legislador que, falecendo um credor, os herdeiros só poderão exigir o valor de seu quinhão, salvo seja indivisível a obrigação. Vamos imaginar a seguinte situação: Alberto e Benedito são credores solidários de Carlos e, Alberto, falecendo, deixa Daniel e Eduardo como herdeiros; se a obrigação for entrega de dinheiro (bem divisível), cada herdeiro poderá exigir somente sua parte da dívida, qual seja, ¼ (um quarto) – aplica-se a regra *concursu partis fiunti*; se a obrigação for a entrega de um veículo, os herdeiros poderão cobrar todo o veículo, não por conta da solidariedade, e sim por conta da indivisibilidade do objeto.

Com o falecimento do credor solidário, desfaz-se a solidariedade quanto aos herdeiros, pois esta não se comunica na sucessão. Assim os herdeiros poderão cobrar apenas sua parte como se fosse uma obrigação divisível.

A obrigação solidária pode ser descumprida. Diante do não cumprimento culposo, a obrigação converte-se em perdas e danos. Estudamos que inadimplemento com culpa, o equivalente mais perdas e danos. O valor das perdas e danos, ou seja, os prejuízos causados serão calculados e fixados em valor monetário, ou seja, em dinheiro. Sendo assim, se uma obrigação solidária é convertida em perdas e danos, teremos que seu objeto se torna divisível, por se tratar de dinheiro. Mas a divisibilidade das perdas e danos não implica em perda da solidariedade.

Sendo assim, nos termos do artigo 271 do CC,[85] convertida a obrigação em perdas e danos, subsiste a solidariedade. Imagine o seguinte exemplo: Moisés e Sócrates, credores solidários

---

[84] Art. 270. Se um dos credores solidários falecer deixando herdeiros, cada um destes só terá direito a exigir e receber a quota do crédito que corresponder ao seu quinhão hereditário, salvo se a obrigação for indivisível.

[85] Art. 271. Convertendo-se a prestação em perdas e danos, subsiste, para todos os efeitos, a solidariedade.

de Aristóteles, deveriam receber um carro que se perdeu por culpa do devedor; convertida a obrigação em perdas e danos, em vez de carro, o objeto da prestação se converte em dinheiro, bem divisível; mesmo assim, Moisés poderá cobrar todo o valor do devedor e não apenas sua metade, pois se mantém a solidariedade. Em resumo:

> Mesmo com a conversão em perdas e danos, a unidade da prestação não é comprometida. Liquidada a obrigação e fixado o seu valor pecuniário, continua cada credor com direito a exigir o quantum total, tendo em vista que a solidariedade permanece, pois emana da vontade contratual ou da lei, que não foram alteradas, e não da natureza do objeto.[86]

Por fim, na solidariedade ativa, o credor que perdoa ou recebe o pagamento responderá aos demais (através do direito de regresso). Surge, após o pagamento para um dos credores, uma dívida entre o credor que recebeu ou remitiu para com os demais credores, que regressivamente exigirão suas respectivas quotas partes. Se há três credores e um deles recebe ou perdoa a dívida, os outros dois poderão exigir dele 1/3 do que foi recebido ou perdoado, pelo conteúdo do artigo 272 do CC.[87]

Entre os cocredores, tudo se passa, para o efeito do reembolso, normalmente, isto é, com obediência à regra geral da divisão do débito: *concursu partes fiunt*.[88] Exemplificando a remissão total por um dos cocredores:

---

[86] GONÇALVES, Carlos Roberto. *Direito civil brasileiro*. V. II. Teoria geral das obrigações. São Paulo: Saraiva, 2004, p. 129.

[87] Art. 272. O credor que tiver remitido a dívida ou recebido o pagamento responderá aos outros pela parte que lhes caiba.

[88] GONÇALVES, Carlos Roberto. *Direito civil brasileiro*. V. II. Teoria geral das obrigações. São Paulo: Saraiva, 2004, p. 135.

A, B e C são credores solidários de D. C perdoou toda a dívida de R$ 300.000,00. De tal forma, não havendo participado da remissão, os outros credores poderão exigir daquele que perdoou (C) as quotas-partes que lhes cabiam (R$ 100.000,00 para A e R$ 100.000,00 para B).[89]

Vejamos como caiu:

> (OAB/SP – 120º Exame de Ordem) – É um dos efeitos jurídicos da solidariedade ativa, na relação entre cocredores e devedor:
> (a) a interrupção da prescrição, requerida por um cocredor, estender-se-á a todos, prorrogando-se, assim, a existência da ação correspondente ao direito creditório;
> (b) o credor que remitir a dívida responderá aos outros pela parte que lhes caiba;
> (c) o pagamento parcial feito por um dos devedores e a remissão por ele obtida não aproveitarão aos demais, senão até a concorrência da quantia paga ou relevado;
> (d) o devedor culpado pelos juros de mora responderá aos outros pela obrigação acrescida.
> Resposta: A

Por outro lado, a **solidariedade passiva** ocorrerá quando houver pluralidade de devedores, sendo que cada um desses fica obrigado pela dívida toda (*in totum et totaliter*). Assim, se Xumaker é credor de Montoia e Barrikelo, ele poderá exigir, por exemplo, de Montoia, a dívida toda, não se aplicando a regra *concursu partes fiunti*, sendo ou não o bem indivisível, pois a solidariedade é resultado da lei ou da vontade das partes, e não da natureza do objeto da prestação.

---

[89] GAGLIANO, Pablo Stolze; PAMPLONA FILHO, Rodolfo. *Novo curso de direito civil.* Obrigações. 3 ed. São Paulo: Saraiva, 2003, p. 79.

O devedor escolhido, estando obrigado pessoalmente pela totalidade, não pode invocar o *beneficium divisionis* e, assim, pretender pagar só sua quota ou pedir que sejam convencidos os coobrigados.[90]

Inclusive, continua o artigo 275 do CC,[91] dizendo que se caso o credor venha a receber parcialmente o pagamento, continuam solidários os devedores pelo restante, ou seja, o pagamento parcial não afasta a solidariedade, tanto quanto não retira o direito de o credor cobrar, de qualquer devedor, a quantia faltante. Inclusive, não haverá quebra da solidariedade caso o credor ingresse com ação judicial para cobrar somente um dos devedores, pois a ação contra um não é renúncia à solidariedade, justamente porque o credor só está no exercício de seu direito: cobrar de qualquer devedor o todo.

Em resumo, o credor pode escolher qualquer dos devedores para cobrá-lo. Como pode decidir cobrar parte de um, continuando credor do restante, quanto aos outros, que remanescem ligados pela solidariedade.[92]

Trata o artigo 276 do CC[93] do falecimento de um dos devedores. Os herdeiros do *de cujus* respondem cada qual por sua quota na dívida, salvo seja indivisível a prestação. Se o objeto da obrigação com solidariedade passiva for uma quantia em dinheiro, o herdeiro do devedor falecido responderá somente

---

[90] GONÇALVES, Carlos Roberto. *Direito civil brasileiro*. V. II. Teoria geral das obrigações. São Paulo: Saraiva, 2004, p. 137.

[91] Art. 275. O credor tem direito a exigir e receber de um ou de alguns dos devedores, parcial ou totalmente, a dívida comum; se o pagamento tiver sido parcial, todos os demais devedores continuam obrigados solidariamente pelo resto.
Parágrafo único. Não importará renúncia da solidariedade a propositura de ação pelo credor contra um ou alguns dos devedores.

[92] RODRIGUES, Silvio. *Direito Civil*. V. II. Parte geral das obrigações. 30 ed. São Paulo: Saraiva, 2002, p. 71.

[93] Art. 276. Se um dos devedores solidários falecer deixando herdeiros, nenhum destes será obrigado a pagar senão a quota que corresponder ao seu quinhão hereditário, salvo se a obrigação for indivisível; mas todos reunidos serão considerados como um devedor solidário em relação aos demais devedores.

por sua quota. Por outro lado, se na mesma obrigação o objeto for um veículo, o herdeiro poderá ser exigido do todo, não mais pela solidariedade, mas pela indivisibilidade da prestação. Há, portanto, quebra da solidariedade quando do falecimento do devedor solidário, em relação aos herdeiros, tendo em vista que a solidariedade não se comunica na sucessão. Diz a doutrina:

> Tal se deve pelo fato de que os herdeiros respondem pelos débitos do *de cujus*, desde que não ultrapassem as forças da herança (princípio do benefício do inventário). Cada herdeiro fica responsável por sua quota na parte do falecido, a menos que a obrigação seja indivisível, caso em que se mantém a solidariedade por impossibilidade material.[94]

Outro problema que pode surgir é o da execução ou do perdão parcial da obrigação, quando um só dos devedores cumpre parcialmente a prestação, ou quando é remitido de parte da obrigação, porque o devedor dele exigiu somente aquele montante ou lhe perdoou até aquela quantia.

Se o *animus*, a vontade do credor é a de afastar o devedor que paga parcialmente, aplica-se o conteúdo do artigo 277 do CC:[95] o pagamento parcial realizado e ou a remissão parcial somente aproveitarão aos codevedores solidários na quantia relacionada. Se o devedor solidário pagar ao credor 1/3 da dívida, os demais sujeitos permanecem vinculados, solidariamente pelo restante, havendo abatimento proporcional do que foi pago ou do que foi perdoado. Obviamente o crédito ficou reduzido e o credor passa a ter direito de crédito sobre os devedores restantes da quantia que sobra.

---

[94] VENOSA, Silvio de Salvo. *Teoria Geral das obrigações e teoria geral dos contratos.* 5 ed. São Paulo: Editora Atlas, 2005, p. 142.

[95] Art. 277. O pagamento parcial feito por um dos devedores e a remissão por ele obtida não aproveitam aos outros devedores, senão até à concorrência da quantia paga ou relevada.

Considerando que a solidariedade é uma fusão fictícia dos sujeitos no vínculo obrigacional, certo é que um deles não pode prejudicar sozinho a posição dos demais. Se, por um acaso, um dos devedores solidário, sozinho, estipular com o credor uma modificação na obrigação que venha a prejudicar a posição do grupo de devedores, esta novidade, esta alteração na obrigação só atingirá a pessoa do devedor que a efetuou, não atingindo os devedores que não participaram da modificação.

A regra é do artigo 278 do CC:[96] qualquer cláusula, condição ou obrigação adicional, estipulada entre um dos devedores solidários e o credor, não poderá agravar a posição dos outros sem consentimento desses. O exemplo mais claro é a situação em que o devedor solidário, sozinho, estipula com o credor um dia de vencimento adiantando o momento do cumprimento da obrigação (em vez de o pagamento ser realizado em 12 de setembro deverá ser feito em 2 de setembro), ou o que estipula uma taxa de juros maior do que a combinada inicialmente.

No mesmo sentido, de que um dos devedores solidários não pode prejudicar os demais, o artigo 279 do CC[97] afirma que somente o devedor solidário culpado pelo inadimplemento culposo é que responderá pelas perdas e danos. Ou seja, havendo culpa no não cumprimento da obrigação solidária passiva, somente o devedor culpado é que poderá ser exigido das perdas e danos, sendo que os demais só poderão ser cobrados do equivalente (da dívida).

Além do dever de pagar perdas e danos diante do inadimplemento culposo, o CC fixa, como consequência jurídica pelo atraso, entre outras coisas, o pagamento dos juros de mora

---

[96] Art. 278. Qualquer cláusula, condição ou obrigação adicional, estipulada entre um dos devedores solidários e o credor, não poderá agravar a posição dos outros sem consentimento destes.

[97] Art. 279. Impossibilitando-se a prestação por culpa de um dos devedores solidários, subsiste para todos o encargo de pagar o equivalente; mas pelas perdas e danos só responde o culpado.

ou juros pelo atraso. Nessa circunstância, todos os devedores respondem pelos juros moratórios, mesmo que a ação seja contra apenas um, mas sempre o culpado responde pela obrigação acrescida.

Se a dívida era de pagamento de R$1.000,00 (um mil reais) e um dos devedores solidários é culpado, só este responde pelo acréscimo da dívida. Entre outros fatores o acréscimo virá com os prejuízos e os juros. Se houve culpa no inadimplemento os prejuízos, perdas e danos, serão exigíveis somente do culpado, mas os juros poderão ser exigidos de qualquer dos devedores solidários, mesmo que não culpado. Ocorre que, ao final, se o devedor que pagou os juros não for o devedor culpado, quem pagou poderá exigir do devedor culpado o valor dos juros pagos, pois somente este último é que responde pelas obrigações acrescidas (perdas e danos, e juros).

Assim, o credor pode exigir as perdas e danos somente do devedor culpado; o credor pode exigir os juros moratórios de qualquer devedor; mas se o devedor que pagar os juros não for o culpado, ele poderá cobrar do culpado o ressarcimento do valor dos juros que pagou, tendo em vista que só o culpado responde pelo acréscimo.

O devedor numa obrigação solidária poderá utilizar-se de defesas processuais para inibir o crédito. Tais argumentos são denominados exceções. Elas podem ser pessoais (que se estabelece entre duas pessoas, como é o caso da compensação de débitos existentes de forma recíproca entre credor e devedor). Elas também podem ser comuns e por isso se utilizam dessas todos os devedores (que gera reflexo para todos, como é o caso da prescrição). No que tange as obrigações solidárias "só há a possibilidade de alegá-las quando fundadas em fatos comuns a todos os devedores ou no que seja estritamente pessoal, não sendo extendida a exceção pessoal de um a outro codevedor (art. 281 do CC)".[98] Assim, um devedor solidário não pode em sua defesa alegar exceção pessoal de outro devedor, mas apenas as suas próprias e as comuns.

Como a solidariedade pode ser estipulada pela vontade das partes e, considerando, a solidariedade passiva é uma garantia maior para o credor, este poderá renunciar a solidariedade de um ou mais devedores, subsistindo a dos demais, conforme o artigo 282 do CC.[99]

Realmente, considerando que o patrimônio do devedor responde pela dívida (débito e responsabilidade patrimonial = vínculo jurídico), quanto maior o número de devedores, maior o número de patrimônios que garantem a dívida. Se o credor pretender, poderá afastar a solidariedade de um ou mais de um dos devedores, ou até mesmo de todos. Se o objeto da prestação for divisível, com a renúncia da solidariedade, o credor só poderá exigir do devedor beneficiado a quota parte que lhe cabe na dívida. Mas, mesmo com a renúncia, se o objeto da prestação for indivisível, continuará o beneficiado obrigado pelo todo, não mais pela solidariedade, mas sim pela indivisibilidade do objeto.

Vejamos como caiu:

> (OAB/SP – 121º Exame de Ordem) – A, B e C são devedores solidários de D pela quantia de R$ 60.000,00. D renuncia à solidariedade em favor de A. Com isso:
> (a) D perde o direito de exigir de A presta-

---

[98] Morato, Antonio Carlos. Obrigações solidárias. *In*: Lotufo, Renan; Nanni, Giovanni Ettore (coordenadores). *Obrigações*. São Paulo: Editora Atlas, 2011, p. 201.

[99] Art. 282. O credor pode renunciar à solidariedade em favor de um, de alguns ou de todos os devedores.
Parágrafo único. Se o credor exonerar da solidariedade um ou mais devedores, subsistirá a dos demais.

> ção acima de sua parte no débito, isto é, R$ 20.000,00. B e C responderão solidariamente por R$ 40.000,00, abatendo da dívida inicial de R$ 60.000,00 a quota de A. Assim os R$ 20.000,00 restantes só poderão ser reclamados daquele que se beneficiou com a renuncia da solidariedade.
> (b) D pode cobrar de A uma prestação acima de R$ 20.00,00; B e C responderão solidariamente pelos R$ 60.000,00.
> (C) D perde o direito de exigir de A prestação acima de sua parte no débito e B e C continuarão respondendo solidariamente pelos R$ 60.000,00.
> (D) A, B e C passarão a responder, ante a renúncia da solidariedade, apenas por sua parte no débito, ou seja, cada um deverá pagar a D R$ 20.000,00.
> Resposta: A

Na solidariedade passiva, o devedor que pagou o todo passará a ter direito de crédito sobre os demais. Assim, pelo artigo 283 do CC,[100] o devedor que pagou o todo pode exigir a quota dos demais. Se, por exemplo, Alberto é credor de Benedito e de Carlos, solidários, e este vem a pagar a dívida toda, poderá exigir a metade de Benedito.

Sendo, neste momento, objeto do estudo a pluralidade passiva, ou seja, pluralidade de devedores, torna-se imperioso tratar da possível insolvência de um dos devedores solidários. Devedor insolvente é aquele que não possui patrimônio suficiente para atender a responsabilidade patrimonial de sua dívida, quando o valor de suas dívidas supera seu patrimônio,

---

[100] Art. 283. O devedor que satisfez a dívida por inteiro tem direito a exigir de cada um dos codevedores a sua quota, dividindo-se igualmente por todos a do insolvente, se o houver, presumindo-se iguais, no débito, as partes de todos os codevedores.

impedindo o exercício do direito do credor. Na solidariedade passiva, a quantia que cabia ao codevedor será dividida em partes iguais entre os outros codevedores, solventes. Inclusive, do rateio não será excluído aquele devedor que tenha sido beneficiado com a exoneração da solidariedade, tudo conforme o artigo 284 do CC.[101]

O último artigo a ser analisado trata do nível de interesse no pagamento da dívida. É possível encontrar relações obrigacionais com codevedores e destacar que um deles tem maior interesse na solução da dívida do que os demais. Vamos tomar como parâmetro o caso do contrato de fiança locatícia. No contrato de locação de imóveis, geralmente, temos a figura do locador (proprietário), do locatário (inquilino, que usa o imóvel) e do fiador (que garante, ao lado do devedor, o pagamento da dívida). Sendo o locatário e o fiador solidariamente responsáveis (o que estará expresso no contrato, pois não se presume), certo é que o credor pode exigir a dívida toda de qualquer um deles. Entretanto, nessa relação jurídica é possível afirmar que o devedor principal, ou seja, o principal interessado na solução da obrigação é o locatário, e não o fiador. Como dizemos, se o aluguel não for pago, quem sofre a execução são os dois, mas a ação de despejo e a falta de teto serão suportadas somente pelo locatário.

Vejamos como caiu:

> (OAB/SP – 130º Exame de Ordem) – Não é exemplo de solidariedade passiva decorrente da lei a obrigação entre:
> (a) a pluralidade de fiadores conjuntamente obrigados por uma mesma dívida, perante o credor;
> (b) a pluralidade de inquilinos de um mesmo imóvel, perante o locador;

---

[101] Art. 284. No caso de rateio entre os codevedores, contribuirão também os exonerados da solidariedade pelo credor, pela parte que na obrigação incumbia ao insolvente.

> (c) a pluralidade de comodatários de um mesmo bem, perante o comodante;
> (d) o fiador e o devedor principal perante o credor.
>
> Resposta: D

Assim, nesta modalidade de relação jurídica, com as características apontadas, é possível identificar um principal pagador, um devedor solidário mais interessado na solução da dívida do que o outro, até pela própria condição do fiador, que é mero *garante*.

Para os mestres baianos Pamplona Filho e Stolze Gagliano, é necessário avaliar o estudo desse tema sob o prisma da responsabilidade patrimonial subsidiária, uma modalidade especial de solidariedade passiva prevista em lei, em que uma pessoa do polo passivo tem o débito originário e a outra tem apenas a responsabilidade por esse débito. Os autores citam exemplos: da área trabalhista, artigo 455 da CLT; da área societária, artigo 1.091 do CC.[102] São devedores solidários sem débito, finalizam brilhantemente os autores.[103]

Diz o artigo 285 do CC[104] que se a dívida toda interessar exclusivamente a um dos devedores, este responderá por toda ela para com aquele que tiver pagado o todo. Portanto, seguindo nosso exemplo inicial, se o fiador pagar a dívida do locatário, ele poderá buscar toda a dívida deste último, e não apenas a metade.

---

[102] Art. 1.091. Somente o acionista tem qualidade para administrar a sociedade e, como diretor, responde subsidiária e ilimitadamente pelas obrigações da sociedade.

[103] GAGLIANO, Pablo Stolze; PAMPLONA FILHO, Rodolfo. *Novo curso de direito civil*. Obrigações. 3 ed. São Paulo: Saraiva, 2003, p. 86 e seguintes.

[104] Art. 285. Se a dívida solidária interessar exclusivamente a um dos devedores, responderá este por toda ela para com aquele que pagar.

TRANSMISSÃO

Estamos estudando o direito civil, o direito privado, que regulamenta a convivência que envolve particulares, pessoas físicas e jurídicas. No direito das obrigações, tratamos de direitos disponíveis, patrimoniais. Sendo assim, é possível que credor e devedor transmitam os direitos e ou os deveres oriundos das relações jurídicas que participam. Então, estudaremos agora a transmissão das obrigações.

Diz-se que a obrigação não é um vínculo pessoal imobilizado, permitindo transferir-se, ativamente (crédito) ou passivamente (débito), segundo as normas estabelecidas na legislação vigente.[1]

A transmissão das obrigações é muito importante e utilizada nos contratos, principalmente, nos direitos vinculados a títulos comerciais e negociais, como, por exemplo, a cessão de crédito que uma empresa (credora) faz para uma instituição bancária cobrar seus clientes (devedores) com base num contrato de prestação de serviços.

O novo CC estabeleceu com melhor perfeição o instituto da transmissão das obrigações, mencionando expressamente não só a cessão de crédito, mas também a assunção de dívida. Poderia o CC tratar especificamente da cessão de contrato, porém ceder um contrato é ceder um leque de direitos e deveres, ou seja, um aglomerado de obrigações que são transmitidas num mesmo negócio, regulamentando-se uma a uma.

Na transmissão ocorre a transferência de crédito e/ou de débito, mudando-se os sujeitos, porém mantendo-se a mesma obri-

---

[1] GAGLIANO, Pablo Stolze; PAMPLONA FILHO, Rodolfo. *Novo curso de direito civil*. Obrigações. 3 ed. São Paulo: Saraiva, 2003, p. 263.

gação. Não há criação de uma nova obrigação, pois o vínculo se mantém, é o mesmo. Por isso que dizemos que na cessão e na assunção existe mudança no elemento subjetivo, ativo ou passivo.

1. Cessão de crédito

Na **cessão de crédito**, o credor (cedente) transfere seus direitos a outrem (cessionário), terceira pessoa, desvinculada da relação obrigacional. O devedor (cedido) terá de cumprir com a prestação para seu novo credor, o cessionário. Segundo **Silvio de Salvo Venosa**, a cessão é, pois, um negócio jurídico pelo qual o credor transfere a um terceiro seu direito. O negócio jurídico tem feição nitidamente contratual.[2]

O devedor (cedido) só precisa ser avisado de que o negócio (cessão de crédito) realizou-se, e somente após o aviso efetivamente recebido é que para ele se opera a cessão. Se há pluralidade de devedores, todos devem ser avisados. Isso tudo diante das disposições dos artigos 290 a 292 do CC.[3] A posição doutrinária sobre a necessidade do aviso é a seguinte:

> Vale destacar que é desnecessário o consentimento prévio do devedor para que ocorra a cessão, ou seja, o sujeito passivo não tem o direito de impedir a transmissão do crédito, muito embora a sua notificação

---

[2] VENOSA, Silvio de Salvo. *Teoria geral das obrigações e teoria geral dos contratos*. 5 ed. São Paulo: Editora Atlas, 2005, p.171.

[3] Art. 290. A cessão do crédito não tem eficácia em relação ao devedor, senão quando a este notificada; mas por notificado se tem o devedor que, em escrito público ou particular, se declarou ciente da cessão feita.
Art. 291. Ocorrendo várias cessões do mesmo crédito, prevalece a que se completar com a tradição do título do crédito cedido.
Art. 292. Fica desobrigado o devedor que, antes de ter conhecimento da cessão, paga ao credor primitivo, ou que, no caso de mais de uma cessão notificada, paga ao cessionário que lhe apresenta, com o título de cessão, o da obrigação cedida; quando o crédito constar de escritura pública, prevalecerá a prioridade da notificação.

seja exigida para que o negócio produza os efeitos desejados.[4]

Percebe-se que o cedido não precisa concordar ou manifestar qualquer vontade ou aceitação para o implemento da cessão de crédito. Esse negócio opera-se apenas entre o credor (cedente) e o terceiro beneficiado (cessionário), sem participação do devedor (cedido). Este último, quando avisado, deve respeitar o negócio realizado, cumprindo a prestação em favor de seu novo credor. Se não foi avisado e cumpriu em favor do antigo credor, será válido o adimplemento, pois a cessão só se opera depois de ele ter sido avisado.

Assim nos ensina Silvio Rodrigues sobre a finalidade da notificação do devedor cedido:

> Por conseguinte, tal ato, embora não seja elementar na cessão, representa meio indispensável para que o negócio, originalmente ligando cedente e cessionário, passe a prender, também o cedido. Procura-se, dessa maneira, dar ciência oficial ao cedido de que o crédito, objeto da cessão, tem novo titular.[5]

Sobre a forma da notificação, diz a doutrina na pessoa de Paulo Jorge Scartezzini Guimarães:

> A notificação pode ser feita por qualquer meio (judicial ou extrajudicialmente) e a qualquer tempo, seja pelo cedente, seja pelo cessionário. Tem os mesmos efeitos que a notificação um comportamento do cedido que deixe claro seu conhecimento sobre a cessão (como, por exemplo, uma proposta ou um acordo firmado com o

---

[4] GAGLIANO, Pablo Stolze; PAMPLONA FILHO, Rodolfo. *Novo curso de direito civil*. Obrigações. 3 ed. São Paulo: Saraiva, 2003, p. 265.

[5] RODRIGUES, Silvio. *Direito Civil*. V. II. Parte geral das obrigações. 30 ed. São Paulo: Saraiva, 2002, p. 97.

cessionário) ou qualquer ato que leve o cedido a tomar pleno conhecimento da cessão, i.e., a sua citação na ação proposta pelo cessionário.[6]

Os limites gerais que se apresentam para a formação dos negócios jurídicos são os mesmos que se apresentam para a cessão de crédito: partes capazes, objeto lícito e possível. Acrescenta-se que o cedente deve ser o legítimo possuidor do crédito, pois só assim tem capacidade de transferi-lo a outrem.

Os limites específicos estão no artigo 286 do CC.[7] Sempre será possível ceder, salvo quando a própria natureza da obrigação se opuser ou quando a lei ou a vontade das partes proibir. Assim, as partes do vínculo obrigacional podem estipular a proibição da cessão (a vontade das partes tem essa força). A lei também pode proibir (como acontece com o crédito tributário, que não pode ser cedido) e até mesmo a natureza da obrigação poderá impedir a cessão. Os alimentos devidos de pai para filho não podem ser cedidos.

A questão deve sair pela fórmula da natureza do crédito, sendo certo que o crédito personalíssimo é geralmente instransmissível pela própria natureza que ele assume.

> Apesar da dificuldade de se estabelecer uma regra geral, o que impõe ao julgador a análise de cada caso concreto, devemos ter em mente que não são passíveis de cessão os créditos cujas obrigações do cedido sejam personalíssimas, isto é, só foram assumidas levando em consideração a pessoa do devedor, bem como as cessões que impliquem num gravame para o devedor, inclusive, nesse rol, ainda,

---

[6] GUIMARÃES, Paulo Jorge Scartezzini. Cessão de crédito. *In*: LOTUFO, Renan; NANNI, Giovanni Ettore (coordenadores). *Obrigações*. São Paulo: Editora Atlas, 2011, p. 251.

[7] Art. 286. O credor pode ceder o seu crédito, se a isso não se opuser a natureza da obrigação, a lei, ou a convenção com o devedor; a cláusula proibitiva da cessão não poderá ser oposta ao cessionário de boa-fé, se não constar do instrumento da obrigação.

a impossibilidade de cessão dos acessórios de uma obrigação, sem a do principal.[8]

De acordo com a origem da cessão, podemos classificá-la como convencional, legal ou judicial. A cessão convencional pode ser onerosa ou gratuita, proveniente sempre da vontade das partes. A cessão legal ocorre pela disposição da lei, como, por exemplo, a disposição do artigo 831 do CC,[9] que transfere para o fiador o direito de cobrar toda a dívida que pagou em prol do devedor afiançado. A cessão judicial é aquela ordenada e estabelecida em processo judicial, por meio de decisão do juízo, transferindo o direito de crédito de um sujeito para outro, como ocorre na possível penhora de créditos: penhora na boca do caixa, penhora dos depósitos em conta corrente etc.

O artigo 294 do CC[10] trata das exceções (defesas) que o devedor terá em face do cessionário. Em tese, ele poderá opor as excessões que tiver contra o próprio cessionário e, ainda, tudo o que ele poderia alegar em face do cedente ao tempo da cessão também poderá opor ao cessionário.

> Segundo o texto legal, as exceções ligadas ao crédito e todas aquelas exceções que o devedor teria em relação ao antigo credor no momento do conhecimento da transferência podem ser levantadas, isto porque sua situação não pode ser agravada em decorrência da transferência do crédito.[11]

---

[8] GUIMARÃES, Paulo Jorge Scartezzini. Cessão de crédito. In: LOTUFO, Renan; NANNI, Giovanni Ettore (coordenadores). *Obrigações*. São Paulo: Editora Atlas, 2011, p. 256.

[9] Art. 831. O fiador que pagar integralmente a dívida fica sub-rogado nos direitos do credor; mas só poderá demandar a cada um dos outros fiadores pela respectiva quota. Parágrafo único. A parte do fiador insolvente distribuir-se-á pelos outros.

[10] Artigo 294. O devedor pode opor ao cessionário as exceções que lhe competirem, bem como as que no momento em que veio a ter conhecimento da cessão, tinha contra o cedente.

[11] GUIMARÃES, Paulo Jorge Scartezzini. Cessão de crédito. In: LOTUFO, Renan; NANNI, Giovanni Ettore (coordenadores). *Obrigações*. São Paulo: Editora Atlas, 2011, p. 264.

A cessão pode ser a título gratuito ou oneroso, dependendo da estipulação das partes. Outra classificação é estabelecida de acordo com a responsabilidade do cedente perante o cessionário. Nas cessões de crédito *pro soluto* o cedente garante apenas a existência e validade do crédito; nas cessões *pro solvendo*, que deve ser prevista expressamente, além de garantir a existência e validade do crédito, o cedente garante a solvência do cedido, ou seja, se este for insolvente o cedente arcará com a responsabilidade do pagamento do crédito cedido (artigos 295 e 296 do CC).[12]

Sobre a exigência de garantir a solvência do devedor, diz Orlando Gomes que, para assumir essa responsabilidade, é preciso que se obrigue expressamente a garantir o *nomem bonum*. Em princípio, não responde. De regra, é o cessionário quem assume esse risco.[13]

Quanto aos efeitos da cessão, diz-se que a cessão convencional não exige nenhuma formalidade para que tenha efeitos entre as partes (*inter partes* – cedente, cedido, cessionário), mas para ter efeitos perante terceiros – *erga omnes* – deverá ser procedida da forma prevista no artigo 288 do CC[14] (instrumento público ou instrumento particular com as formalidades do artigo 654 do CC[15]).

---

[12] Art. 295. Na cessão por título oneroso, o cedente, ainda que não se responsabilize, fica responsável ao cessionário pela existência do crédito ao tempo em que lhe cedeu; a mesma responsabilidade lhe cabe nas cessões por título gratuito, se tiver procedido de má-fé.
Art. 296. Salvo estipulação em contrário, o cedente não responde pela solvência do devedor.

[13] GOMES, Orlando. *Obrigações*. 16 ed. Rio de Janeiro: Forense, 2004, p. 246.

[14] Art. 288. É ineficaz, em relação a terceiros, a transmissão de um crédito, se não celebrar-se mediante instrumento público, ou instrumento particular revestido das solenidades do § 1º do art. 654.

[15] Art. 654. Todas as pessoas capazes são aptas para dar procuração mediante instrumento particular, que valerá desde que tenha a assinatura do outorgante.
§ 1º O instrumento particular deve conter a indicação do lugar onde foi passado, a qualificação do outorgante e do outorgado, a data e o objetivo da outorga com a designação e a extensão dos poderes conferidos.

Na esteira do princípio de que o acessório segue o principal, é preciso mencionar que transmitido o crédito, conforme o artigo 287 do CC,[16] os acessórios e garantias da dívida também serão cedidos, se não houver estipulação expressa em sentido contrário.[17]

Por fim, devemos ressaltar que os direitos penhorados são indisponíveis, portanto, não cedíveis, nos termos do artigo 298 do CC.[18]

Vejamos como caiu:

> (OAB/RJ – 35º Exame de Ordem) – Acerca do direito das obrigações, assinale a opção correta.
>
> (a) Se, em uma obrigação solidária passiva, um dos devedores, sem a anuência dos demais, renegociar a dívida, assumindo a majoração dos juros pactuados, a obrigação adicional é devida por todos os coobrigados em face da aplicação da teoria da representação, ou seja, da existência de mandato recíproco entre os devedores solidários.
>
> (b) A cessão do crédito afasta a compensação, pois acarreta a modificação subjetiva da relação obrigacional, mediante a alteração do credor. Assim, o devedor que, notificado da cessão que o credor faz dos seus direitos a terceiros, nada opõe à cessão não pode alegar direito à compensação.
>
> (c) A cessão de crédito consiste em negócio jurídico por meio do qual o credor transmite

---

[16] Art. 287. Salvo disposição em contrário, na cessão de um crédito abrangem-se todos os seus acessórios.

[17] Gagliano, Pablo Stolze; Pamplona Filho, Rodolfo. *Novo curso de direito civil*. Obrigações. 3 ed. São Paulo: Saraiva, 2003, p. 268

[18] Art. 298. O crédito, uma vez penhorado, não pode mais ser transferido pelo credor que tiver conhecimento da penhora; mas o devedor que o pagar, não tendo notificação dela, fica exonerado, subsistindo somente contra o credor os direitos de terceiro.

> o seu crédito a um terceiro, com modificação objetiva da obrigação, e para cuja validade é necessário o consentimento prévio do devedor.
>
> (d) Nas obrigações alternativas, as partes convencionam duas ou mais prestações cumulativamente exigíveis, cujo adimplemento requer o cumprimento de apenas uma delas, ou seja, concentra-se em uma única para pagamento por meio de escolha, seja do credor seja do devedor.
>
> Resposta: B

2. Assunção de dívida

Em outra ponta dos negócios jurídicos que transmitem direitos patrimoniais temos a chamada **assunção de dívida** ou cessão de débito, incluída no novo CC brasileiro em atendimento a sua utilidade prática. Nela o devedor cede a outrem sua posição na relação jurídica, havendo substituição subjetiva do polo passivo. Não gera nova obrigação, mantendo-se o vínculo jurídico original, mas apenas alterando um dos sujeitos, no caso, o sujeito passivo, havendo um mesmo credor vinculado a um novo devedor.

Ao contrário da cessão, conforme o artigo 299 do CC,[19] aqui o consentimento expresso do credor é obrigatório, inclusive, na letra do parágrafo único do artigo acima mencionado, o silêncio não é visto como aceitação, salvo a hipótese do artigo 303 do CC (adquirente de imóvel hipotecado que assu-

---

[19] Art. 299. É facultado a terceiro assumir a obrigação do devedor, com o consentimento expresso do credor, ficando exonerado o devedor primitivo, salvo se aquele, ao tempo da assunção, era insolvente e o credor o ignorava.
Parágrafo único. Qualquer das partes pode assinar prazo ao credor para que consinta na assunção da dívida, interpretando-se o seu silêncio como recusa.

me as dívidas da hipoteca poderá notificar o credor para em 30 dias se manifestar, sendo o silêncio visto como aceitação). Vejamos como caiu:

> (OAB/SP – 132º Exame de Ordem) – Quanto à assunção de dívida, é errado afirmar que
> (a) tem previsão expressa no Código Civil;
> (b) só ocorre se o credor assim consentir;
> (c) devidamente cientificado o credor a respeito da assunção, seu silêncio significará aceitação;
> (d) depende de aceitação do credor.
> Resposta: C

Não são cedíveis as obrigações personalíssimas, pela própria natureza do vínculo obrigacional a que se sujeita o devedor, que não pode ser substituído por outro.

Vale dizer que a assunção não terá validade quando o novo devedor era insolvente ao tempo da realização da assunção e o credor ignorava essa circunstância, conforme parte final do artigo 299 do CC. Válido o argumento legislativo, como bem pontua Álvaro Villaça Azevedo, ser mais do que razoável, porque o primitivo devedor seria substituído por quem não tem condições de pagar o débito.[20]

Existem duas espécies de assunção de dívida quanto à participação do credor: a expromissão e a delegação. A assunção de dívida por expromissão ocorre quando o credor e o terceiro, que será o novo devedor, diretamente ajustam a implantação do negócio, sem a participação do antigo devedor. Na assunção por delegação, ao contrário, o devedor e o terceiro, que

---

[20] AZEVEDO, ÁLVARO VILLAÇA DE. *Teoria geral das obrigações*. 10 ed. Editora Atlas, 2004. p. 120.

será o novo devedor, procuram realizar o negócio e obter a anuência ou aceitação do credor.

Ainda, ressalta-se, que havendo a assunção, poderemos ter o afastamento do devedor primitivo, permanecendo o mesmo vínculo entre o credor e o novo devedor. Em contrapartida, conforme os costumes aplicados ao instituto, podemos verificar uma assunção em que o novo devedor assume o polo passivo ao lado do antigo, mantendo-se ambos no vínculo, como devedores comuns, solidários ou não.

Salvo o devedor primitivo aceite expressamente, sendo ele afastado do vínculo, com a assunção estarão extintas as garantias originais que ele tenha fornecido ao credor (artigo 300 do CC).[21]

Alberto Gosson Jorge Junior assim se manifesta sobre referido artigo:

> Por garantias especiais compreende-se as pessoais e as reais, tanto da parte do próprio devedor, como aquelas advindas de terceiros. O devedor primitivo pode ter concedido penhor ou hipoteca de bens seus, ou terceiros podem ter oferecido bens em penhor ou hipoteca para garantia da dívida. Fiadores ou avalistas também podem ter ingressado na condição de garantidores em atenção à pessoa do devedor primitivo e em razão da confiança que lhe devotavam. O espírito do dispositivo legal é de que transferida a posição de devedor primitivo para o novo devedor (assuntor), fica aquele liberado de sua obrigação, nao devendo mais subsistir garantias por ele originariamente concedidas, sob pena de manter-se o vínculo original, ao contrário do que se pretendia.[22]

---

[21] Art. 300. Salvo assentimento expresso do devedor primitivo, consideram-se extintas, a partir da assunção da dívida, as garantias especiais por ele originariamente dadas ao credor.

[22] JORGE JUNIOR, Alberto Gosson. Assunção de Dívida. In: LOTUFO, Renan; NANNI, Giovanni Ettore (coordenadores). Obrigações. São Paulo: Editora Atlas, 2011, p. 287.

O ilustre Silvio de Salvo Venosa comenta em sua obra a modificação do código que virá com os projetos em andamento (Projeto de Lei n. 6960 de 2000), quando então o dispositivo citado terá maior clareza. Diz o autor que desse modo, transferida a dívida, salvo manifestação expressa dos garantidores primitivos, exoneram-se o fiador e o terceiro hipotecante.[23] Ficarão, diante da nova redação, as garantias pessoais dadas pelo próprio devedor primitivo; exonerando-se as garantias de terceiros, estranhos ao vínculo.

Por outro lado, caso ocorra anulação da assunção, enquanto negócio jurídico restaura-se o débito originário em toda a sua forma, compreendendo também a restauração das garantias originárias. Inclusive, os terceiros que prestaram a garantia na obrigação primitiva e não sabiam do vício que culminou com a anulação da obrigação não serão prejudicados, ou seja, as garantias desses não serão restabelecidas. Vejamos a doutrina:

> Destarte, restauram-se também todas as garantias que acompanhavam o débito, com exceção daquelas que foram prestadas por terceiros que desconheciam o vício ou defeito presente na transmissão da dívida. Caso o terceiro conhecesse, no momento da formação do negócio jurídico, sua responsabilidade pela garantia prestada remanesce em homenagem ao princípio da boa-fé objetiva, omnipresente no Direito das Obrigações e na codificação civil de maneira geral.[24]

Por questões de nomenclatura, vale considerar que alguns autores, como Silvio Rodrigues, contando os termos da legislação e doutrina estrangeira, acabam, pela proximidade entre os institutos, indicando o termo novação subjetiva para

---

[23] VENOSA, Silvio de Salvo. *Teoria geral das obrigações e teoria geral dos contratos*. 5 ed. São Paulo: Editora Atlas, 2005, p.182.

[24] JORGE JUNIOR, Alberto Gosson. Assunção de Dívida. *In*: LOTUFO, Renan; NANNI, Giovanni Ettore (coordenadores). *Obrigações*. São Paulo: Editora Atlas, 2011, p. 289.

designar a assunção de dívida. Assim, teríamos a novação subjetiva passiva na assunção.[25] Mas porque não há nova obrigação, portanto, não se trata de novação, ainda mais que se exige o *animus novandi* para essa última modalidade.

---

[25] RODRIGUES, Silvio. *Direito Civil*. V. II. Parte geral das obrigações. 30 ed. São Paulo: Saraiva, 2002, p. 105.

ADIMPLEMENTO E PAGAMENTO

Estudamos nas três primeiras partes desta obra a formação do vínculo obrigacional, seus elementos e estrutura, suas modalidades variadas e, finalizamos, verificando que é possível transmitir as obrigações, enquanto direitos patrimoniais disponíveis, sobretudo, cedendo créditos ou assumindo dívidas alheias.

Nesta quarta etapa estudaremos o adimplemento, ou seja, as teorias do cumprimento da prestação obrigacional e seu efeito jurídico, que é a extinção do vínculo obrigacional, inclusive, em atendimento a sua característica de transitoriedade, pois toda obrigação nasce para ser extinta.

Existem três expressões utilizadas pela doutrina e legislação, nacional e estrangeira, para designar o momento que se dá a extinção do vínculo obrigacional mediante a prestação do credor: adimplemento, cumprimento e pagamento. Vale ressaltar o entendimento de que empregar os dois primeiros é mais adequado, *tendo em vista o significado restrito que o termo pagamento goza junto ao senso comum, capaz de gerar confusões terminológicas.*[1]

Entre outros fatores, estudaremos o pagamento propriamente dito, suas variáveis, como o pagamento em consignação, o pagamento com sub-rogação, a imputação do pagamento, a dação em pagamento, a novação, a compensação, a confusão e a remissão. Basicamente, ocorrendo um desses fatores, teremos a extinção da obrigação, com o adimplemento.

---

[1] Silva, Rafael Peteffi da. *Teoria do adimplemento e modalidades de inadimplemento atualizado pelo novo Código Civil.* Novo Código Civil – aspectos relevantes. São Paulo, n. 68, ano XXII, dezembro-2002, p. 135.

1. Princípio da pontualidade

O pagamento, vislumbrado como um gênero das várias espécies que conduzem até a extinção da obrigação, era denominado pelos romanos como *solutio*. Portanto, era o que resolvia, era a solução da obrigação, extinguindo-a.

Desta feita, antes de analisarmos as formas de adimplemento, precisamos analisar a teoria do pagamento através do chamado princípio da pontualidade. Este nos informa que o devedor se libera quando efetua a prestação no tempo, no local, de modo completo e na forma adequada.

Essa é a visão de Claudio Luiz Bueno de Godoy:

> Já pelo princípio da correspondência, também chamado identidade ou pontualidade, tem-se que o pagamento deve estar representado por comportamento do devedor que corresponda perfeitamente ao direito à prestação do credor. Nada diverso, ainda que mais valioso (art. 301 do CC). Portanto, cumpre-se em perfeita identidade ao dar, ao fazer ou ao não fazer a que o devedor está adstrito.[2]

Ou seja, a pontualidade enquanto princípio aplicado às obrigações não é só a pontualidade temporal (pagar na data certa), mas também adimplir: no local adequado, do modo correto e na forma adequada. Somente a somatória desses fatores é que resulta em um adimplemento pontual, completo, que extingue o vínculo obrigacional.

Adimplemento, portanto, é o cumprimento, a *solutio* da obrigação. Tudo aquilo que conduz à extinção do vínculo. Muitas vezes a doutrina nos informa que *pagamento* é sinô-

---

[2] Godoy, Claudio Luiz Bueno de. Adimplemento e extinção das obrigações. *In*: Lotufo, Renan; Nanni, Giovanni Ettore (coordenadores). *Obrigações*. São Paulo: Editora Atlas, 2011, p. 295.

nimo de cumprimento ou adimplemento da obrigação.[3] Em linhas gerais, ressalta-se que:

> Destarte, atualmente, considera-se o adimplemento como a realização do conteúdo da obrigação pelo devedor. Para tanto, faz-se necessária a atividade solutória do devedor, ou seja, os atos materiais previstos no contrato, bem como a satisfação dos interesses do credor, analisados de maneira objetiva, de acordo com a tipicidade da obrigação.[4]

A terminologia utilizada pelo código é adimplemento para todas as formas de prestação devidas, sendo que nos artigos 304 até 333 encontramos as condições ou requisitos subjetivos e objetivos do pagamento, como manifestação do cumprimento da obrigação.[5]

O adimplemento (*pagamento*) realiza-se pelos meios normais, de forma direta ou indireta; assim classificamos o adimplemento como pagamento normal direto e pagamento normal indireto. Mas é possível encontrar formas especiais de adimplemento e extinção da obrigação, classificados, como meios anormais. Então temos os meios normais (direto e indireto) e os meios anormais de *pagamento*. Nos meios normais há pagamento, direto ou indireto, e nos meios anormais, verdadeiramente, não há pagamento propriamente dito, e a extinção surge por outros motivos, como, por exemplo, pela prescrição.

---

[3] Gonçalves, Carlos Roberto. *Direito civil brasileiro*. V. II. Teoria geral das obrigações. São Paulo: Saraiva, 2004, p. 236.

[4] Silva, Rafael Peteffi da. *Teoria do adimplemento e modalidades de inadimplemento atualizado pelo novo Código Civil*. Novo Código Civil – aspectos relevantes. São Paulo, n. 68, ano XXII, dezembro-2002, p. 138.

[5] Godoy, Claudio Luiz Bueno de. Adimplemento e extinção das obrigações. In: Lotufo, Renan; Nanni, Giovanni Ettore (coordenadores). *Obrigações*. São Paulo: Editora Atlas, 2011, p. 298.

Ao contrário dessa classificação, alguns autores dizem que ao lado do pagamento existem outras formas, todas classificadas como formas especiais de extinção da obrigação.[6] Ficamos com a seguinte classificação: meio normal direto é o pagamento propriamente dito. Meios normais indiretos são a dação em pagamento, a consignação em pagamento e a sub-rogação. Meios anormais de pagamento são: a novação, a compensação, a confusão, a remissão etc.

Mas antes de adentrarmos nos estudos das classes de pagamentos, é preciso avaliar que a extinção da obrigação decorrerá ou da própria vontade do devedor, ou da execução forçada. Sendo assim, podemos dizer que o **pagamento** será **voluntário** ou **involuntário** (dependendo da espontânea ou não espontânea participação volitiva do devedor no ato que cumpre a obrigação).

Será espontâneo o adimplemento sempre que decorra de ato voluntário do devedor, como, por exemplo, quando paga na data correta, normalmente, bem como quando paga após ser interpelado, notificado, citado em processo de conhecimento ou mesmo durante o curso do processo de execução, desde que o faça pela própria vontade e não por ato de coação estatal. Será involuntário quando o cumprimento da obrigação decorrer de ato estatal em processo de execução judicial, através dos meios coercitivos próprios, como a penhora e venda de bens em hasta pública.

Carlos Roberto Gonçalves aponta que pagamento, na visão de cumprimento da prestação obrigacional, ocorrerá somente quando houver voluntariedade, sendo que, no segundo caso (execução forçada), não há pagamento propriamente dito, pela falta da voluntariedade do devedor.[7]

---

[6] Gagliano, Pablo Stolze; Pamplona Filho, Rodolfo. *Novo curso de direito civil*. Obrigações. 3 ed. São Paulo: Saraiva, 2003, p. 120.

[7] Gonçalves, Carlos Roberto. *Direito civil brasileiro*. V. II. Teoria geral das obrigações. São Paulo: Saraiva, 2004, p. 236.

2. Natureza jurídica do pagamento

Outro ponto importante é o estudo da natureza jurídica do pagamento, um fator controvertido na doutrina. Os fatos jurídicos são tratados no livro III do CC que se inicia com o estudo dos negócios jurídicos a partir do artigo 104. Considerando que existem fatos que interessam ao direito, pois importa em modificação, extinção ou transmissão de direitos, são denominados fatos jurídicos (fatos jurídicos *lato sensu*). Aqueles outros que não importam ao direito são fatos ajurídicos ou juridicamente indiferentes.[8]

Lembrando, então, de forma simplificada o conteúdo da primeira parte do estudo do direito civil (parte geral), dividimos os fatos jurídicos em fatos naturais (que independem da vontade humana) e atos humanos (atos jurídicos *lato sensu*: aqueles que dependem da vontade e/ou ação humana para ocorrer).

Estes últimos são classificados como atos ilícitos (que geram a obrigação de reparar o dano, por exemplo, causar danos num acidente de trânsito) ou atos lícitos. Dentre os atos lícitos encontramos os atos jurídicos que não constituem negócios, os negócios jurídicos unilaterais (disposição unilateral de vontade) e os negócios jurídicos bilaterais (os contratos).

Dentro dessa ótica é preciso classificar o pagamento. Ele será visto como ato jurídico quando se tratar de pagamento normal direto. Realmente, quando uma pessoa realiza o pagamento propriamente dito realiza um ato lícito simples, trazendo como efeito jurídico a extinção da obrigação e se trata de uma atividade unilateral da pessoa que paga.

---

[8] NERY JUNIOR, Nelson; NERY, Rosa Maria de Andrade. *Novo Código Civil e legislação extravagante anotados*. São Paulo: RT, 2002, p. 53.

Será, entretanto, negócio jurídico quando for por meio normal indireto de pagamento ou quando por meio anormal. Quando as partes decidem, por exemplo, extinguir uma obrigação sem que se realize pagamento, através da criação de uma nova obrigação que substituirá a extinta, estarão praticando a novação que, sendo realizada de tal forma, configura-se como negócio jurídico entre ambos os sujeitos da obrigação – pois pela vontade dos sujeitos estarão extinguindo a obrigação.

O mesmo ocorrerá quando o credor aceita que o devedor entregue um objeto diferente daquele indicado na prestação, pois estarão praticando uma dação em pagamento, que modifica o vínculo obrigacional, configurando verdadeiro negócio – pois pela vontade dos sujeitos estarão extinguindo a obrigação de um modo diferente do que deveria ter ocorrido normalmente.

Por fim, as sábias palavras do mestre Orlando Gomes dizem que não é possível quantificar uniformemente o pagamento. Sua natureza depende da qualidade da prestação e de quem o efetua. Porém, ficamos com a tese de que será ato jurídico quando se tratar de pagamento normal direto, até porque, conforme ilustra o mesmo professor, neste caso falta um pressuposto básico dos negócios jurídicos, que é o ato livre e espontâneo, por se tratar de ato vinculado que não depende da vontade dos sujeitos, mas decorre da força legal (dever de pagar).[9]

A redução de todas as formas de adimplemento na categoria ato-fato jurídico nos parece incorreta, pois a natureza jurídica do pagamento não pode estar reduzida a uma só categoria, variando conforme a natureza da obrigação.[10] Ora será ato, ora será negócio, conforme vimos.

---

[9] GOMES, Orlando. *Obrigações*. 16 ed. Rio de Janeiro: Forense, 2004, p. 110.

[10] SILVA, Rafael Peteffi da. *Teoria do adimplemento e modalidades de inadimplemento atualizado pelo novo* Código Civil. Novo Código Civil – aspectos relevantes. São Paulo, n. 68, ano XXII, dezembro-2002, p. 144.

3. Requisitos do pagamento

Para ser válido e eficaz, o pagamento deverá idealizar-se através de alguns requisitos essenciais: vínculo obrigacional (débito), intenção de solver (*animus solvendi*), cumprimento da prestação, presença da pessoa que cumpre (*solvens*) e presença da pessoa que recebe (*accipiens*).

Vínculo obrigacional é o primeiro elemento ou requisito do pagamento. Certo é que se não há vínculo entre as partes que justifique o adimplemento, o pagamento ocorrerá sem justificativa, restando configurado o instituto do pagamento indevido ou do enriquecimento sem causa, autorizando quem pagou a repetir o valor (exigir sua devolução) e obrigando quem recebeu ou se enriqueceu a devolver, conforme previsão dos artigos 876 e 884 do CC,[11] respectivamente.

Vale lembrar que o pagamento feito diante de obrigações naturais (juridicamente inexigíveis) não autoriza a repetição, sendo pagamento válido, pois existe o débito, só não existindo a responsabilidade. Portanto, o vínculo (débito ou dívida) é essencial enquanto requisito que compõe o pagamento.

Outro requisito é a **intenção de solver** (*animus solvendi*), pois as partes não podem pretender outra coisa, não podem estar voltadas para outro objetivo jurídico que não a solução da obrigação. Diz a professora Maria Helena Diniz que tal requisito é exigível, pois o pagamento é execução voluntária da prestação.[12]

Vamos imaginar o seguinte exemplo: Alberto é credor de Benedito de um valor de R$ 50,00; ambos saem para um al-

---

[11] Art. 876. Todo aquele que recebeu o que lhe não era devido fica obrigado a restituir; obrigação que incumbe àquele que recebe dívida condicional antes de cumprida a condição.
Art. 884. Aquele que, sem justa causa, se enriquecer à custa de outrem, será obrigado a restituir o indevidamente auferido, feita a atualização dos valores monetários.

[12] DINIZ, Maria Helena. *Curso de direito civil brasileiro*. Teoria geral das obrigações. Vol. II. 20 ed. São Paulo: Saraiva, 2004, p. 220.

moço e Benedito faz questão de pagar a conta que ficou em R$ 100,00, num ato de gentileza e cortesia pela visita recebida, assumindo a metade de Alberto. A gentileza não é *animus solvendi*, não há que falar em pagamento da dívida. Não havendo intenção de solver, não haverá pagamento!

O terceiro requisito do pagamento é a **realização exata da prestação**: se a dívida era entregar um veículo importado e o devedor entrega um Fusca, não haverá pagamento, pois não houve cumprimento da prestação devida. O inverso também é verdadeiro: o credor não é obrigado a receber outra prestação, mesmo que mais valiosa; ou seja, se obrigado a entregar um veículo do modelo Fusca, o devedor não pode exigir que o credor aceite um carro importado, mesmo que mais valioso.

E, ainda, o pagamento será válido e eficaz se realizado por **pessoa devidamente habilitada** pela lei (*solvens*), como estudaremos a seguir. No mesmo sentido, haverá pagamento se quem recebeu for aquele qualificado para tanto pela lei (*accipiens*).

Vejamos como caiu:

> (OAB/SP – 128º Exame de Ordem) – Para que o pagamento possa ser um meio direto e eficaz de extinção da obrigação são necessários os seguintes requisitos, além da existência de vínculo obrigacional:
> (a) *animus solvendi* e pagamento somente ao credor em pessoa, sendo inválido o pagamento feito a representante legitimado;
> (b) *animus solvendi* e entrega exata do objeto devido ou de coisa mais valiosa;
> (c) satisfação exata da prestação devida e presença obrigatória da pessoa que efetua o pagamento, que deverá obrigatoriamente ser o devedor;
> (d) *animus solvendi* e satisfação exata da prestação que constitui o objeto da obrigação.
> Resposta: D

4. Quem deve pagar ou quem pode pagar

O CC trata da condição subjetiva do pagamento e disciplina o pagamento quanto à pessoa que deve ou pode pagar (a partir do artigo 304 do CC) e quanto à pessoa que deve ou pode receber (a partir do artigo 308 do CC).

Inicialmente, nosso estudo fala sobre aqueles que devem pagar, ou seja, quem deve pagar. Será que somente o devedor pode ou deve realizar o pagamento... Ou será que outros também podem praticar esse ato jurídico?

Vejamos o que nos ensina o mestre Orlando Gomes, frisando que **quem deve pagar é o devedor** e apontando como este realizará o ato:

> O pagamento pode ser feito pelo próprio devedor em pessoa, ou por seus auxiliares ou ajudantes, prepostos a esse fim, ou por intermédio de representante, voluntário ou legal. Tanto quando paga por procurador ou por intermédio de auxiliares, é ele próprio quem cumpre a obrigação. Uns e outros apenas praticam o ato material de pagar.[13]

Vale considerar neste momento que qualquer pessoa pode realizar o pagamento de uma dívida, qualquer um pode pagar. Entretanto, ampliando o apontamento do parágrafo anterior, dividiremos esses, que podem pagar, classificando-os de acordo com o interesse ou não na solução da dívida e trazendo, para cada caso, uma consequência jurídica distinta.

Além de dizermos que quem deve pagar é o devedor, podemos incluir outros que podem pagar, para estudarmos, portanto, aqueles que podem pagar além do devedor. Criterioso afirmarmos que terceiro não vinculado na obrigação

---

[13] Gomes, Orlando. *Obrigações*. 16 ed. Rio de Janeiro: Forense, 2004, p. 115.

pode pagar, cumprindo apenas verificar o interesse ou não existente por parte desse terceiro que paga.

Assim, dizemos que qualquer pessoa pode pagar, mas que, entre esses, existem aqueles terceiros diretamente interessados na solução da dívida, aqueles indiretamente interessados e, ainda, aqueles sem qualquer interesse.

O **principal interessado**, que pode ou deve pagar, portanto, é o próprio devedor, pois tem vínculo jurídico com o credor: tem dever jurídico de pagar (débito) e seu patrimônio responde pelo adimplemento ou cumprimento da obrigação (responsabilidade).

Contudo, **terceiros interessados**, ou sujeitos indiretamente interessados, também estão autorizados a pagar pelo CC, ou seja, podem pagar. Geralmente, serão outros interessados ou indiretamente interessados aqueles que têm algum tipo de vínculo com a obrigação e que podem ter seu patrimônio afetado, caso não ocorra o pagamento.

O exemplo mais clássico é a pessoa do fiador no contrato de locação; o principal interessado no pagamento das obrigações contratuais é o próprio locatário (devedor); contudo, o fiador, apesar de não ter débito com o credor (locador), tem responsabilidade patrimonial perante as dívidas do devedor. Sendo assim, poderá pagar e o fará na qualidade de pessoa indiretamente interessada ou de terceiro interessado. Outros exemplos são correntes na doutrina: avalista, solidário, herdeiro, sublocatário etc.

O efeito jurídico do pagamento realizado por terceiro interessado é a sub-rogação, prevista no artigo 346 do CC,[14] dando ao que pagou o direito de cobrar tudo o que pagou

---

[14] Art. 346. A sub-rogação opera-se, de pleno direito, em favor:
I – do credor que paga a dívida do devedor comum;
II – do adquirente do imóvel hipotecado, que paga a credor hipotecário, bem como do terceiro que efetiva o pagamento para não ser privado de direito sobre imóvel;
III – do terceiro interessado, que paga a dívida pela qual era ou podia ser obrigado, no todo ou em parte.

do principal interessado, ou seja, do devedor. Dizemos, aqui, que aquele que pagou sub-roga-se nos direitos do credor ao realizar o pagamento de interesse do devedor (visto neste caso como devedor principal).

Numa terceira hipótese, podemos vislumbrar que **terceiro não interessado** realize o pagamento da dívida. A legislação permite tal situação no artigo 304 do CC.[15] Os terceiros não interessados pagarão a dívida de duas formas: ou realizam o pagamento em nome e à conta do devedor, ou o realizam em seu nome e por sua própria conta. O contrato pode, através de suas cláusulas, impedir que isso ocorra, ou seja, impedir que o terceiro não interessado pague a dívida.

Quando o terceiro faz o pagamento em nome e à conta do devedor, nada poderá reclamar, não havendo direito de reembolso, até porque se considera que foi feito em nome (como representante ou mandatário) e com o dinheiro do próprio devedor, ou então porque foi feito por mera liberalidade de quem paga.

Exemplo disso é o funcionário de uma loja que recebe o dinheiro do bolso do proprietário e vai até o credor pagar uma conta deste, em seu nome. Ora, se pagou em nome do devedor e por conta dele, nada terá de reclamar, pois praticou o ato com liberalidade e sem ônus.

Frisa o entendimento Fábio Ulhoa Coelho, especificando que o terceiro não interessado que paga em nome e por conta do devedor nada terá direito: estará, aqui, assumindo integralmente a dívida e renunciando ao direito de ser ressarcido pelo desembolso que realizou.[16]

---

[15] Art. 304. Qualquer interessado na extinção da dívida pode pagá-la, usando, se o credor se opuser, dos meios conducentes à exoneração do devedor.
Parágrafo único. Igual direito cabe ao terceiro não interessado, se o fizer em nome e à conta do devedor, salvo oposição deste.

[16] COELHO, Fábio Ulhoa. *Curso de Direito Civil*. V. II. São Paulo: Saraiva, 2004, p. 109.

Outro exemplo está no pai que por liberalidade paga a dívida do filho com recursos próprios, mas sem intenção de ser seu gestor ou representante.

Entretanto, por outro lado, se o terceiro não interessado pagar em seu próprio nome, terá direito ao reembolso, por meio da ação regressiva, com base no enriquecimento sem causa. Mas nunca se sub-rogará nos direitos do credor, pois isto só acontece com os terceiros interessados (artigos 305 e 306 do CC).[17]

Vejamos, no mesmo exemplo acima, que a funcionária sai do estabelecimento e autorizada pelo patrão vai pagar uma conta da empresa e realiza tal ato com seu próprio dinheiro, com ônus a seu patrimônio. Sendo assim, terá direito de pedir ao patrão o reembolso do quanto favoreceu o patrimônio da empresa.

Esse direito de reembolso ocorrerá à medida que aproveite ao devedor favorecido. Assim, se ela pagar um valor maior do que o devido só poderá pedir reembolso do valor devido que foi pago, pois o excedente não favoreceu ou aproveitou a empresa. Restará, para o terceiro não interessado, buscar a repetição do pagamento indevido em face do credor que recebeu mais do que era direito.

No mesmo sentido, no que diz respeito ao valor do reembolso, o código define que tal não ocorrerá quando o devedor tinha meios de ilidir a ação do credor. Explicamos: numa dívida não cumprida espontaneamente, o credor pode mover ação judicial para coagir o pagamento ou buscar seu crédito no patrimônio do devedor. Processualmente, ou seja, no âmbito do processo judicial movido pelo credor, o devedor poderá impedir que o desejo do credor fosse realizado, ilidindo a ação do credor.

---

[17] Art. 305. O terceiro não interessado, que paga a dívida em seu próprio nome, tem direito a reembolsar-se do que pagar; mas não se sub-roga nos direitos do credor.
Parágrafo único. Se pagar antes de vencida a dívida, só terá direito ao reembolso no vencimento.
Art. 306. O pagamento feito por terceiro, com desconhecimento ou oposição do devedor, não obriga a reembolsar aquele que pagou, se o devedor tinha meios para ilidir a ação.

Sendo assim, não haverá o direito do terceiro ao reembolso sempre que o devedor tivesse meios de ilidir uma eventual ação do credor. Imagine, por exemplo, que o devedor não tivesse até aquele momento realizado o pagamento, pois a dívida estava prescrita e que, neste meio tempo, o terceiro não interessado efetua o pagamento. Não terá este último o direito ao reembolso, pois se o credor entrasse em juízo com uma ação em face do credor, este, processualmente, ilidiria, impediria a ação do credor, defendendo-se com a alegação de que a dívida estava prescrita.

Sobre esses aspectos, ressaltamos que a doutrina entende que por mero capricho o devedor não pode opor-se a que terceiro, mesmo que não interessado, realize o pagamento, pois o interesse do credor e o da sociedade prevalecem.[18] Tal oposição, sendo assim, só pode ocorrer se existem defesas capazes de ilidir a ação. O motivo da oposição deve ser justo.[19]

Em resumo, qualquer pessoa pode pagar, interessada ou não; contudo, os efeitos jurídicos serão distintos. Se o terceiro que paga é interessado, sub-roga-se nos direitos do credor. Se o terceiro não interessado paga, às custas e em nome do devedor, nada terá direito. Se o terceiro não interessado paga, em seu próprio nome e às próprias custas, poderá pedir o reembolso, salvo o devedor tivesse meios de ilidir a ação do credor.

Por fim, vale discutir a validade do **pagamento realizado por civilmente incapaz**. Este poderá praticar o meio normal direto de cumprimento da obrigação, ou seja, o pagamento direto, tendo em vista que, por se tratar de ato jurídico e não negócio jurídico, pois naquele não é exigida a capacidade. De qualquer forma, não é válido o pagamento

---

[18] RODRIGUES, Silvio. *Direito Civil*. V. II. Parte geral das obrigações. 30 ed. São Paulo: Saraiva, 2002, p. 128.

[19] VENOSA, Silvio de Salvo. *Teoria geral das obrigações e teoria geral dos contratos*. 5 ed. São Paulo: Editora Atlas, 2005, p. 211.

feito por incapaz quando provado que o pagamento que realizou acarretou-lhe prejuízo.

5. A quem se deve pagar

O pagamento deve ser feito ao credor ou a quem o represente, sob pena de só valer depois de pelo credor ratificado ou tanto quanto reverter em seu proveito (artigo 308 do CC).[20]

O credor será o sujeito originário da obrigação ou, então, outrem que esteja na qualidade de credor, como o herdeiro, o cessionário, o sub-rogado etc., ou seja, aquele que estiver na condição de titular do crédito envolvido.

O credor pode nomear representante para receber e dar quitação, tanto quanto pode nomear e dar poderes para outros atos. O representante (estudado na parte geral do direito civil – artigo 115 e seguintes do CC) pode ser legal, judicial ou convencional.[21] Representante é aquele que tem poderes, neste caso, para receber o pagamento e dar quitação no lugar do credor. O representante legal é estabelecido pela lei, como o representante dos menores e incapazes (ex. pai e filho); o representante judicial é aquele nomeado em juízo (ex. nomeado na ação de interdição); o representante convencional é aquele escolhido e estabelecido pela vontade do próprio credor, geralmente através de contrato (ex. o advogado que por conta do instrumento de procuração – contrato de mandato – recebe poderes e tem o direito de receber o crédito do cliente).

---

[20] Art. 308. O pagamento deve ser feito ao credor ou a quem de direito o represente, sob pena de só valer depois de por ele ratificado, ou tanto quanto reverter em seu proveito.

[21] Gomes, Orlando. *Obrigações*. 16 ed. Rio de Janeiro: Forense, 2004, p. 117.

Além do credor e de seu representante, é preciso verificar que o terceiro portador de quitação presume-se autorizado a receber o pagamento, nos termos do artigo 311 do CC.[22] Assim, se o credor deixa um recibo de quitação assinado com uma terceira pessoa e esta, portando o recibo, apresenta-se ao devedor, receberá o pagamento, pois se presume autorizada a receber.

Entretanto, tal pagamento feito ao portador da quitação só será válido quando as circunstâncias de fato não contrariarem tal presunção. Sendo assim, se a secretária de um escritório de advocacia porta o recibo assinado pelo advogado credor, é justo que o devedor pague a ela, pois se presume autorizada a receber, tendo em vista que porta a quitação; o mesmo se aplica ao funcionário com crachá e uniforme que se apresenta com a quitação (figura do credor aparente ou credor putativo).

Ao contrário, se um adolescente maltrapilho aparecer na casa do devedor para receber o pagamento, mesmo que portando a quitação, o pagamento não deve ser feito e, se o for, não terá validade, pois a circunstância de fato retira a citada presunção. Aplica-se, aqui, a boa-fé de quem efetua o pagamento e a análise da circunstância de fato, validando-se o pagamento nos termos do artigo 309 do CC,[23] quando for o caso. O erro do *solvens* deve ser inescusável, ou seja, um erro a que cairia o homem modelo de nossa sociedade. Esse último aspecto analisado merece alguns comentários da doutrina, começando por Claudio Luiz Bueno de Godoy:

> Credor putativo, como sabido e decorrente da origem do termo *putare* (imaginar), é o credor imaginário, aparente, suposto. Parece ser credor, mas não é. Pois o pagamento que a ele se faz produz efeito extintivo da

---

[22] Art. 311. Considera-se autorizado a receber o pagamento o portador da quitação, salvo se as circunstâncias contrariarem a presunção daí resultante.

[23] Art. 309. O pagamento feito de boa-fé ao credor putativo é válido, ainda provado depois que não era credor.

obrigação mediante o atendimento simultâneo a dois requisitos. Primeiro, a situação de putatividade deve ser tal que qualquer pessoa, de mediana diligência, acreditaria que aquele a quem se paga fosse o verdadeiro credor. Segundo, e o que não raro se olvida, é preciso que o real credor, de algum modo, tenha contribuído para essa situação de justificada aparência. Pense-se no exemplo de devedor que paga a originário credor, o qual, todavia, cedeu seu crédito, sem que o atual credor, os cessionários, disso tenha dado aviso ao cedido.[24]

Vejamos o ensinamento dos professores Rodolfo Pamplona Filho e Pablo Stolze Gagliano:

> Pode ocorrer que uma pessoa – diversa do credor e sem poderes de representação – apresente-se ao devedor e receba o pagamento. Nesse caso, se o devedor não tomou as cautelas necessárias, efetuando o pagamento para um sujeito qualquer, poderá sofrer as consequências do seu ato, traduzidas pelo ditado quem paga mal paga duas vezes. O direito não socorre os negligentes (*dormientibus ne sucurriti jus*), e, no caso, se não cuidou de investigar a legitimidade do recebedor, poderá ser compelido a pagar novamente ao verdadeiro credor.[25]

O pagamento feito ao incapaz será válido se provado que o mesmo reverteu em proveito de seu patrimônio.

Em outra hipótese, o código, visando evitar o enriquecimento (locupletamento) irregular do credor, traz alguns fatores que permitem seja declarado válido e eficaz o pagamento efetuado pelo devedor. Será válido o pagamento feito

---

[24] Godoy, Claudio Luiz Bueno de. Adimplemento e extinção das obrigações. *In*: Lotufo, Renan; Nanni, Giovanni Ettore (coordenadores). *Obrigações*. São Paulo: Editora Atlas, 2011, p. 317.

[25] Gagliano, Pablo Stolze; Pamplona Filho, Rodolfo. *Novo curso de direito civil*. Obrigações. 3 ed. São Paulo: Saraiva, 2003, p. 128.

ao representante, tanto quanto o pagamento ratificado pelo credor ou seu representante e, ainda, será válido na medida em que se provar que o pagamento efetuado reverteu em proveito do credor.

Sobre esses fatores nos ensina o Professor Álvaro Villaça de Azevedo, analisando a segunda parte do artigo 308 do CC e dizendo que em regra o pagamento feito a terceiro não vale, porém comporta duas exceções:

> O Código, nesse ponto, quer impedir o locupletamento, o enriquecimento indevido, mencionando que, embora feito a terceiro, valerá se for ratificado pelo credor, ou seja, se este confirmar que recebeu o pagamento, feito por via do referido terceiro, indiretamente. A outra hipótese é a de o pagamento, executado por meio do terceiro, aproveitar, total ou parcialmente, ao credor. Se restar provado que o credor teve qualquer benefício, embora feito o pagamento a terceiro, não autorizado ao recebimento, essa vantagem será descontada do que ele tiver de receber. É um princípio de justiça.[26]

O devedor, portanto, pode pagar ao credor diretamente, extinguindo sua obrigação. O mesmo acontecerá se pago ao representante do credor. Se o pagamento for feito a qualquer outra pessoa, mesmo que não representante, valerá se o credor ratificar o pagamento ou se for provado que o valor reverteu em prol do patrimônio do credor, neste último caso, mesmo que por este não seja ratificado. Será válido também o pagamento feito para quem portar a quitação e o pagamento feito ao credor putativo, estando de boa-fé o *solvens*.

Vejamos como caiu:

---

[26]AZEVEDO, Álvaro Villaça de. *Teoria geral das obrigações*. 10 ed. São Paulo: Editora Atlas, 2004, p. 136.

(OAB/SP – 128º Exame de Ordem) – Sobre o adimplemento das obrigações, é correto afirmar:
(a) o pagamento feito de boa-fé a quem aparentava ser credor, mas não o era, é considerado válido;
(b) pagamento, reiteradamente aceito pelo credor em local diverso do combinado não presume renúncia do credor relativamente ao previsto no contrato;
(c) a pessoa obrigada com o mesmo credor, por dois ou mais débitos líquidos e vencidos, deve pagar primeiramente o mais antigo;
(d) ocorre a compensação quando se confundem na mesma pessoa as qualidades de credor e devedor de uma obrigação.
Resposta: A

(OAB/SP – 132º Exame de Ordem) – Quanto ao adimplemento das obrigações, é errado afirmar que:
(a) o pagamento feito a quem não era credor, mas aparentava ser, é válido pela lei;
(b) o pagamento feito a quem não era credor, mas aparentava ser, obriga o devedor a pagar novamente ao verdadeiro credor;
(c) o pagamento não é a única forma de adimplemento prevista no Código;
(d) a confusão é forma de adimplemento.
Resposta: B

6. Objeto do pagamento

O objeto do pagamento é a prestação. O devedor tem a obrigação de prestar em favor do credor. Sendo assim, o devedor se libera do vínculo obrigacional na medida em que executa perfeitamente o ato ou fato de prestar, ou seja, prestando o que devia de forma completa e integral, nos termos dos artigos 313 e 314 do CC.[27]

Vejamos como caiu:

> (OAB/RJ – 32º Exame de Ordem) – Em relação ao pagamento de uma dívida, assinale a opção correta.
> (a) O credor pode ser obrigado a receber prestação diversa da que lhe é devida, se aquela for mais valiosa.
>
> (b) Ainda que a obrigação tenha por objeto prestação divisível, não pode o credor ser obrigado a receber, nem o devedor a pagar, por partes, se assim não se ajustou.
> (c) Nunca pode ser realizado por terceiro, estranho ao vínculo obrigacional.
> (d) Podem as partes, em qualquer caso, estabelecer cláusula de reajuste pela variação de moeda estrangeira.
> Resposta: B

Se o devedor comprometeu-se a entregar 100 sacas de milho não pode pretender entregar metade das sacas ou, então, entregar sacas de café. A prestação, quando realizada, só libera o devedor se for feita integralmente e de maneira completa. O objeto da prestação, portanto, deve ser perfeitamente realizado.

Considerando que nos dias de hoje, principalmente, nos vínculos contratuais, uma das prestações do contrato quase sempre é apontada por quantia de dinheiro (ex. pagamento

---

[27] Art. 313. O credor não é obrigado a receber prestação diversa da que lhe é devida, ainda que mais valiosa.
Art. 314. Ainda que a obrigação tenha por objeto prestação divisível, não pode o credor ser obrigado a receber, nem o devedor a pagar, por partes, se assim não se ajustou.

do preço no contrato de compra e venda), o legislador salientou artigos para regulamentar o pagamento em dinheiro.

O primeiro ponto a ser observado é o **princípio do nominalismo**. Lembre-se de que na economia o efeito da inflação é, de maneira mais ou menos acentuada, o de tirar o poder de compra do dinheiro, ou seja, desvalorizá-lo. Realmente, quando a inflação ataca o valor nominal da moeda podemos de maneira muito simples dizer que com uma nota de 100 reais, em janeiro de 2000, alguém compraria três unidades de determinado produto; contudo, em janeiro de 2006, contando com o fato de que a inflação tenha corroído o poder de compra do valor nominal do dinheiro (valor nominal da nota de cem reais), certamente, não seria possível adquirir a mesma quantidade do mesmo produto. O dinheiro perde, com o passar do tempo, seu valor nominal, estampado na nota ou na moeda.

Pelo princípio do nominalismo o valor estampado pelo dinheiro não se altera. Ele pode até perder o poder de compra, desvalorizar-se, mas não se altera. Assim, o valor da moeda é o valor nominal, aquele valor declarado na emissão e estampado no papel moeda ou na moeda. Uma nota de cem reais vale sempre cem reais, em qualquer tempo. Entretanto, o poder de compra de 100 reais se altera ao longo do tempo.

A moeda constitui um valor fixo, as coisas é que aumentam ou diminuem seu valor, como nos ensina o Professor Silvio Rodrigues:

> Por conseguinte, poder-se-ia formular o princípio do nominalismo nos seguintes termos: o devedor de uma importância em dinheiro se libera oferecendo a quantidade de moeda inscrita em seu título de dívida e em curso no lugar do pagamento seja qual for a alteração no valor intrínseco da moeda.[28]

---

[28] RODRIGUES, Silvio. *Direito Civil*. V. II. Parte geral das obrigações. 30 ed. São Paulo: Saraiva, 2002, p. 143.

Diante do princípio citado, o problema que surge na área contratual, mormente nas obrigações de pagar em dinheiro, é a desvalorização do valor declarado na obrigação.

Imaginemos, por exemplo, que uma pessoa compre um cavalo de raça, premiado, pelo valor de R$ 50.000,00 (cinquenta mil reais), cujo pagamento será diferido no tempo, em 50 prestações de R$ 1.000,00 (um mil reais) mensais. Logicamente que, no último mês (quinquagésima parcela), por conta da inflação, o valor nominal da parcela não tem o mesmo poder de compra que tinha o mesmo valor nominal quando do pagamento da primeira parcela (primeiro mês).

Por essa razão é comum que, nas relações contratuais, seja estabelecido algum índice ou fator de correção que permita, ao longo do cumprimento das parcelas contratuais, que o valor seja corrigido para patamares maiores, tentando preservar o potencial de compra do valor nominal – artigo 315 do CC.[29]

O CC autoriza tal procedimento expressamente no artigo 316,[30] quando permite que seja utilizada uma **escala móvel das prestações**, concedendo o direito aos contratantes de inserir no contrato uma cláusula que permita a atualização monetária das parcelas para fugir da inflação, geralmente, mediante um índice escolhido pelas partes.

Atualmente, temos o exemplo do IGPM – índice geral de preços de mercado, IPC etc., cujo percentual pode ser adotado pelas partes para atualizar as prestações. Isso ocorre, entre outros, no contrato de locação: com o passar do tempo o valor inicialmente ajustado a título de aluguel pode ser corroído pela inflação, estando as partes autorizadas a atualizá-lo pelos índices, criando uma escala móvel das prestações.

---

[29] Art. 315. As dívidas em dinheiro deverão ser pagas no vencimento, em moeda corrente e pelo valor nominal, salvo o disposto nos artigos subsequentes.

[30] Art. 316. É lícito convencionar o aumento progressivo de prestações sucessivas.

Concluímos a aplicação da escala móvel com a seguinte citação:

> Note-se que o CC de 2002 admitiu que a obrigação cujo objeto compreenda prestações sucessivas possa aumentar progressivamente (art. 316). Essa regra, em verdade, decorre da prática negocial difundida, quando as partes, no próprio contrato, adotam critério de aumento progressivo das parcelas a serem adimplidas.[31]

Outro assunto importante que surge da análise do objeto do pagamento é a chamada **teoria da imprevisão**, escolhida como fator aplicável nas obrigações pelo legislador no artigo 317 do CC.[32] Tal aplicação é derivada da máxima *rebus sic stantibus*.

Vejamos como caiu:

> (VIII Exame da OAB 2012.2) – Utilizando-se das regras afetas ao direito das obrigações, assinale a alternativa correta.
> (a) Quando o pagamento de boa-fé for efetuado ao credor putativo, somente será inválido se, em seguida, ficar demonstrado que não era credor.
> (b) Levando em consideração os elementos contidos na lei para o reconhecimento da onerosidade excessiva, é admissível assegurar que a regra se aplica às relações obrigacionais de execução diferida ou continuada.
> (c) Possui a quitação determinados requisitos que devem ser obrigatoriamente observados, tais como o valor da dívida, o nome do pagador, o tempo e o lugar do adimplemento, além da assinatura da parte credora, exigindo-se também que a forma da quitação seja igual à forma do contrato.

---

[31] GAGLIANO, Pablo Stolze; PAMPLONA FILHO, Rodolfo. *Novo curso de direito civil*. Obrigações. 3 ed. São Paulo: Saraiva, 2003, p. 134.

[32] Art. 317. Quando, por motivos imprevisíveis, sobrevier desproporção manifesta entre o valor da prestação devida e o do momento de sua execução, poderá o juiz corrigi-lo, a pedido da parte, de modo que assegure, quanto possível, o valor real da prestação.

> (d) O terceiro, interessado ou não, poderá efetuar o pagamento da dívida em seu próprio nome, ficando sempre sub-rogado nos direitos da parte credora.
>
> Resposta: B

O juiz, no processo judicial, deverá rever o contrato existente sempre que fatos extraordinários e imprevisíveis tornarem excessivamente oneroso o cumprimento da obrigação por uma das partes. Enquanto as coisas continuam como estão nada pode ser feito, mas se o cenário que levou às partes a celebrar o contrato se alterar excessivamente, trazendo um ônus demasiado para uma das partes, e tal mudança tenha sido fruto de situação imprevisível e extraordinária, fora do controle ou da previsão dos obrigados, poderá o juiz, quando solicitado em processo judicial, rever a situação.

Diante da situação de desequilíbrio exige-se modificação que, quando não advenha das partes, partirá de possível decisão judicial. Acerca dos requisitos vejamos o ensinamento de Hamid Charaf Bdine Júnior:

> Para tal reequilíbrio são necessários os requisitos seguintes: (a) os motivos devem ser imprevisíveis, mas não precisam ser extraordinários (como prevê o art. 478 do CC); (b) a desproporção entre o valor da prestação devida e o do momento da execução deve ser manifesta; (c) o reequilíbrio deve ser postulado pela própria parte, não sendo admitido que se estabeleça de ofício; (d) que as prestações não tenham sido cumpridas simultaneamente; e (e) que os motivos imprevisíveis que provocaram o desequilíbrio não sejam imputáveis ao prejudicado pelo desequilíbrio.[33]

---

[33] BDINE JÚNIOR, Hamid Charaf. Aspectos objetivos do pagamento e alteração das circunstâncias. *In*: LOTUFO, Renan; NANNI, Giovanni Ettore (coordenadores). *Obrigações*. São Paulo: Editora Atlas, 2011, p. 330.

O juiz não pode atuar de ofício, devendo ser provocado. O equilíbrio contratual é restabelecido mediante revisão ou resolução do contrato, por meio de intervenção judicial.[34]

Ainda sobre o objeto do pagamento é importante ressaltar que são nulas as convenções de pagamento em ouro ou em moeda estrangeira, salvo autorização de lei especial, como ocorre, por exemplo, nos contratos internacionais que envolvam empresas brasileiras.

Em complemento, ensina-nos Carlos Roberto Gonçalves, citando Mário Luiz Delgado Régis:

> As exceções previstas em lei especial, portanto, são as seguintes: a) contratos de exportação e importação em geral, bem como os acordos resultantes de sua rescisão; b) contrato de compra e venda de câmbio; c) contratos celebrados com pessoa residente e domiciliada no exterior, excetuados os contratos de locações de imóveis situados no território nacional, bem como sua transferência ou modificação a qualquer título, ainda que ambas as partes já estejam nessa oportunidade residindo no país.[35]

7. Prova do pagamento

O cumprimento da obrigação (*solutio*) é comprovado pela quitação, ou seja, pela declaração unilateral do credor, geralmente escrita, de que houve cumprimento da obrigação estabelecida. O instrumento da quitação é o recibo.

Se houver recusa por parte do credor ou de quem por ele indicado para receber, portanto, do *accipiens*, poderá o *sol-*

---

[34] GONÇALVES, Carlos Roberto. *Direito civil brasileiro*. V. II. Teoria geral das obrigações. São Paulo: Saraiva, 2004, p. 258.

[35] GONÇALVES, Carlos Roberto. *Direito civil brasileiro*. V. II. Teoria geral das obrigações. São Paulo: Saraiva, 2004, p. 259.

vens reter o pagamento ou consigná-lo, conforme apontado no artigo 319 do CC[36] e nas indicações dos artigos 334 e seguintes do mesmo *codex*, que veremos abaixo.

Portanto, a quitação é a declaração do sujeito ativo no sentido de ter sido satisfeito em seu direito. Normalmente, é dada por escrito (recibo), mas pode derivar de atos inequívocos com o mesmo sentido jurídico (entrega ou inutilização do título etc.).[37]

O artigo 320 do CC[38] aponta os requisitos legais do instrumento da quitação; contudo, o próprio legislador indica que sempre valerá o recibo passado se, de seus termos, resultar haver sido paga a dívida. Portanto, mesmo que, por exemplo, o credor, comerciante de uma loja, tenha apenas anotado em seu livro caixa que recebeu o valor do devedor, tal documento vale como prova do pagamento; ou então se, por exemplo, numa loja de materiais de construção a balconista tenha apenas carimbado *pago* no verso da Nota Fiscal, é o suficiente como prova de que houve cumprimento; pois dos dois exemplos presume-se relativamente que houve pagamento.

Assim, a primeira presunção de pagamento está na anotação ou no documento do credor que, mesmo não sendo recibo, por não preencher os requisitos legais, resulta que foi paga a dívida. Mas há outras presunções de pagamento.

Sempre que uma dívida é representada por um título ao portador (e não nominal) e tal título encontra-se na posse do devedor, presume-se que a dívida foi paga. Vamos

---

[36] Art. 319. O devedor que paga tem direito à quitação regular e pode reter o pagamento, enquanto não lhe seja dada.

[37] COELHO, Fábio Ulhoa. *Curso de Direito Civil*. V. II. São Paulo: Saraiva, 2004, p. 122.

[38] Art. 320. A quitação, que sempre poderá ser dada por instrumento particular, designará o valor e a espécie da dívida quitada, o nome do devedor, ou quem por este pagou, o tempo e o lugar do pagamento, com a assinatura do credor, ou do seu representante.
Parágrafo único. Ainda sem os requisitos estabelecidos neste artigo valerá a quitação, se de seus termos ou das circunstâncias resultar haver sido paga a dívida.

tomar como exemplo a nota promissória. O devedor assina e o credor guarda a nota promissória para, com base nesse título, cobrar futuramente o devedor. Quando do pagamento da dívida representada por tal título, a prática habitual exige que o credor, ao receber o pagamento, devolva a nota promissória ao devedor. Como o título é ao portador (tem crédito, pode cobrar quem está com a posse do título), o credor só o entregara quando receber o pagamento.

Sendo assim, quando, numa situação concreta, o título estiver na posse do devedor é porque, presumidamente, lhe foi entregue pelo credor, justamente porque foi feito o pagamento. Mas tal presunção é relativa, admitindo prova em contrário, não sendo justo, portanto, que o credor perca seu direito de crédito se a nota promissória for roubada.

Vejamos como caiu

> (OAB/MG – 2005.1) Quanto ao adimplemento e extinção das obrigações, é CORRETO afirmar:
> (a) O credor não é obrigado a receber prestação diversa da que lhe é devida, exceto se for mais valiosa.
> (b) A quitação somente poderá ser dada por instrumento público.
> (c) A entrega do título ao devedor firma a presunção do pagamento.
> (d) O pagamento cientemente feito a credor incapaz não é válido, mesmo que o devedor prove que em benefício dele efetivamente reverteu.
> Resposta: C

Quanto ao extravio do título representativo da dívida, ensina-nos Silvio Rodrigues:

Perdido o documento comprovador da dívida, pode o devedor exigir quitação declarando o extravio do título e acusando o recebimento. A recusa da quitação, nestes termos, defere ao devedor a prerrogativa de reter o pagamento, ou de consignar a prestação.[39]

A terceira presunção de pagamento diz respeito ao pagamento que é efetuado em quotas sucessivas, ou seja, como na prática denominamos de pagamento parcelado, carnês de pagamentos etc. Pelo CC, havendo pagamento em quotas sucessivas, existindo a quitação de uma das parcelas, presume-se, que a anterior foi paga.

Tal aplicação ocorre porque se imagina que o credor não receberia, por exemplo, a quinta parcela, sem ter antes recebido a quarta. Como nas anteriores, a presunção é relativa e, na prática, por prudência, o credor geralmente, no recibo que concede, fornecendo a quitação, cria uma ressalva, transcrevendo que o pagamento daquela não exclui débitos anteriores ou que o pagamento daquela não exclui o direito de cobrar as anteriores.

A presunção é estabelecida em benefício do devedor, mas não é absoluta, pois admite prova em contrário.[40]

A quarta presunção, também relativa, aplica-se na hipótese de pagamento de dívida que inclua o capital principal objeto da dívida e juros dela decorrentes. Num empréstimo bancário, por exemplo, o tomador do empréstimo assume a obrigação de devolver (pagar) o valor emprestado acrescido de juros, que é a remuneração do banco. Presume-se que os juros foram pagos sempre que houver quitação do capital. Mas, aqui também, podem ocorrer ressalvas ou reservas: por exemplo,

---

[39] RODRIGUES, Silvio. *Direito Civil*. V. II. Parte geral das obrigações. 30 ed. São Paulo: Saraiva, 2002, p. 152.

[40] GONÇALVES, Carlos Roberto. *Direito civil brasileiro*. V. II. Teoria geral das obrigações. São Paulo: Saraiva, 2004, p. 262.

apontando na quitação do capital ou no próprio contrato que o credor se reserva a cobrar os juros, ressalvando seu direito.

O recibo de quitação, de toda forma, deve ser sempre interpretado restritivamente, para só alcançar o que foi efetivamente pago, sem impedir que se proponha ação judicial para cobrar eventuais diferenças não pagas.[41]

8. Lugar do pagamento

O pagamento deve ser realizado em determinado local. Hodiernamente, na maioria dos negócios jurídicos onerosos, essa regra acaba sendo desmerecida pelas relações financeiras virtuais, pela internet e por outro meio tecnológico, como o telefone, o celular e a própria rede integrada do sistema financeiro nacional. Por isso, um carnê pode ser pago em qualquer agência bancária credenciada ao sistema, em qualquer ponto do Brasil, independentemente do lugar físico da agência ou se pela rede mundial de computadores.

Na teoria do direito é preciso saber se o pagamento se realizará no domicílio do credor, do devedor ou em outro lugar qualquer.

O CC relata-nos que, em regra, o lugar do pagamento é no domicílio do devedor, ou seja, o ato jurídico pagamento deve ser praticado no domicílio do devedor, sendo alterável pela vontade das partes (artigo 327).[42]

---

[41] BDINE JÚNIOR, Hamid Charaf. Aspectos objetivos do pagamento e alteração das circunstâncias. In: LOTUFO, Renan; NANNI, Giovanni Ettore (coordenadores). Obrigações. São Paulo: Editora Atlas, 2011, p. 336.

[42] Art. 327. Efetuar-se-á o pagamento no domicílio do devedor, salvo se as partes convencionarem diversamente, ou se o contrário resultar da lei, da natureza da obrigação ou das circunstâncias.
Parágrafo único. Designados dois ou mais lugares, cabe ao credor escolher entre eles.

Segundo o mestre Orlando Gomes, o lugar do pagamento é comumente indicado no contrato, vigorando, no particular, o princípio da liberdade de eleição.[43] Na linha do direito romano denominaremos que a dívida é *quesível* quando aplicada essa regra geral, pois o credor deve seguir até o devedor e exigir no domicílio desse o pagamento.

Por exemplo, no contrato de locação, quanto ao lugar em que devam ser pagos os aluguéis, não sendo estipulado nada no contrato, eles devem ser cobrados pelo credor (proprietário da coisa locada, locador) no domicílio do devedor (inquilino, locatário).[44] Ao contrário, caso disposto pela vontade das partes, o pagamento poderá ser *portáble*, quando então realizável no domicílio do credor. Neste caso, o devedor, portador do objeto da prestação, deve seguir até o credor para pagar.

Por exceção, pagamentos que envolvam questões imobiliárias, como, por exemplo, a compra e venda de um imóvel, devem ser feitos na sede do imóvel, pelo conteúdo do artigo 328 do CC.[45]

Pode também surgir algum motivo grave que impeça o devedor de efetuar o pagamento na forma combinada quanto ao local. O artigo 329 do CC[46] autoriza-o a realizar o pagamento em local diverso daquele estipulado. Motivo grave seria aquele não previsível e inevitável, como, por exemplo, a enchente que derruba a ponte de acesso à cidade do domicílio do credor, o acometimento de uma doença grave etc.

Por fim, o código estabelece que a atitude das partes, ou seja, a prática reiterada e habitual tem a força de alterar a

---

[43] GOMES, Orlando. *Obrigações*. 16 ed. Rio de Janeiro: Forense, 2004, p. 123.

[44] AZEVEDO, Álvaro Villaça de. *Teoria geral das obrigações*. 10 ed. São Paulo: Editora Atlas, 2004, p. 138.

[45] Art. 328. Se o pagamento consistir na tradição de um imóvel, ou em prestações relativas a imóvel, far-se-á no lugar onde situado o bem.

[46] Art. 329. Ocorrendo motivo grave para que se não efetue o pagamento no lugar determinado, poderá o devedor fazê-lo em outro, sem prejuízo para o credor.

regra do local do pagamento. Realmente, a prática de pagamento em local diverso faz presumir renúncia por parte do credor daquilo que havia sido estipulado (artigo 330 do CC).[47]

Segundo o professor Álvaro Villaça de Azevedo o termo mais correto seria alteração tácita do contrato, e não renúncia tácita, pois esta deve ser sempre expressa.[48] Seguindo o disposto no artigo, temos o seguinte exemplo: se o contrato prevê que o pagamento deve ser feito no domicílio do credor, alterando a regra geral, mas se todos os meses de eventual pagamento parcelado o credor vai receber na casa do devedor, haverá alteração da disposição contratual pela prática das partes.

9. Tempo do pagamento

Estudamos os aspectos do objeto, da prova e do lugar do pagamento. Resta-nos observar que o momento do pagamento é também elemento exigível para que a prestação seja cumprida de forma pontual. Quanto ao momento do pagamento temos três principais situações: obrigações com vencimento (ou a termo), obrigações sem vencimento e as obrigações condicionais. Vejamos.

Numa relação obrigacional, as partes podem ou não estipular prazo para o cumprimento da dívida. Se as partes estipularam data certa para o pagamento é neste momento que deve ser feito para evitar o atraso e o inadimplemento. Trata-se das **obrigações com vencimento** (obrigações a termo). Inclusive, o devedor não pode ser compelido a pagar antes,

---

[47] Art. 330. O pagamento reiteradamente feito em outro local faz presumir renúncia do credor relativamente ao previsto no contrato.

[48] AZEVEDO, Álvaro Villaça de. *Teoria geral das obrigações*. 10 ed. São Paulo: Editora Atlas, 2004, p. 140.

salvo ocorram as condições de antecipação do vencimento ou ajuste de vontade entre as partes. O vencimento pode ser antecipado pelas partes, por disposição volitiva ou pela lei.

Antecipa-se, legalmente, o vencimento, nos moldes do artigo 333 do CC,[49] nos seguintes casos: falência do devedor; quando os bens dados em garantia para o pagamento da dívida forem penhorados por outro credor; e quando as garantias dadas cessarem ou se tornarem insuficientes e não forem reforçadas ou substituídas.

Nas obrigações com vencimento, dizemos que o próprio dia interpela o homem, ou seja, o credor não precisa avisar o devedor do interesse de receber, pois isso está designado pelo vencimento apontado inicialmente. É a máxima *dies interpellat pro homine* – o dia do vencimento interpela o devedor.

Por outro lado, as partes podem não estipular o tempo do pagamento, quando então teremos as **obrigações sem vencimento**. Pelo princípio da satisfação imediata o credor, nessas obrigações, sem vencimento, pode requerer que o devedor cumpra a obrigação imediatamente (artigo 331 do CC).[50]

Ensina o mestre Orlando Gomes: por outras palavras, faltando o termo, vigora o princípio da satisfação imediata.[51] Entretanto, o rigor desse princípio pode ser abrandado pelo bom senso, se este exige um tempo razoável que permite ao devedor satisfazer sua prestação.[52]

---

[49] Art. 333. Ao credor assistirá o direito de cobrar a dívida antes de vencido o prazo estipulado no contrato ou marcado neste Código:
I – no caso de falência do devedor, ou de concurso de credores;
II – se os bens, hipotecados ou empenhados, forem penhorados em execução por outro credor;
III – se cessarem, ou se se tornarem insuficientes, as garantias do débito, fidejussórias, ou reais, e o devedor, intimado, se negar a reforçá-las.

[50] Art. 331. Salvo disposição legal em contrário, não tendo sido ajustada época para o pagamento, pode o credor exigi-lo imediatamente.

[51] GOMES, Orlando. *Obrigações*. 16 ed. Rio de Janeiro: Forense, 2004, p. 119.

[52] GONÇALVES, Carlos Roberto. *Direito civil brasileiro*. V. II. Teoria geral das obrigações. São Paulo: Saraiva, 2004, p. 269.

A doutrina clássica aponta como puras as obrigações sem vencimento, pois contra elas não há disposição legal ou volitiva de vencimento. Acompanho a classificação de que obrigações puras são as não condicionais, podendo ser puras sem data para pagamento (sem vencimento) e puras com data para pagamento (com vencimento ou a termo).

Assim, se num contrato de compra e venda não se estipulou prazo para o pagamento, se não há vencimento declarado no negócio jurídico, deve ser satisfeita a obrigação imediatamente, no ato da vinculação obrigacional. Se o credor, ao contrário, permitir que se pague em três dias, estará criando um vencimento futuro, pelo que não poderá exigir antes, quebrando o princípio da satisfação imediata pela vontade das partes. A regra geral, diante de tal princípio, é de que nas obrigações não há data para o vencimento, sendo exigível a qualquer momento o cumprimento da obrigação. Se houver vencimento, criado, então, pela vontade das partes, estará sendo alterada a regra geral.

Entretanto, devemos ressaltar que em alguns contratos, nos quais ocorre obrigação sem vencimento, o credor só poderá exigir o cumprimento da obrigação depois de respeitar a característica do contrato realizado, ou seja, respeitar um prazo mínimo necessário para que o devedor possa utilizar o objeto do contrato.

O principal exemplo é daquele aluno que pede emprestado o livro do professor. Pode ser que o professor não estipule vencimento para a obrigação, ou seja, as partes não combinem data para a devolução do livro emprestado, que é a principal obrigação do aluno. Pela regra geral estabelecida pelo código (princípio da satisfação imediata), o professor, credor da devolução do livro, poderia emprestar o livro e um minuto depois querer retomá-lo. Mas aqui a exceção prevalece, pois o professor deve conceder ao aluno um prazo mínimo para que ele tenha condições de exaurir o objetivo do contrato, que é a consulta e leitura do livro, que não se faz em apenas um minuto. Portanto, no contrato de empréstimo, sem vencimento, é impossível querer emprestar e retomar imediatamente, sem conceder tempo suficiente para o uso da coisa. O mesmo se dá em outras figuras contratuais.

Vejamos o exemplo da doutrina:

> Portanto é sensível a diferença entre os casos em que não houve estipulação de época para o pagamento e nos quais o credor pode exigi-lo desde logo, e aqueles em que, a despeito do silêncio das partes a propósito do termo do vencimento, há mister que se escoe um intervalo indispensável para sua realização.[53]

Outra regra é importante na aplicação das obrigações sem vencimento. Trata-se da **interpelação**. Sempre que não houver prazo para o cumprimento de uma obrigação, ou seja, sempre que estivermos diante de uma obrigação sem vencimento, o credor deverá interpelar o devedor, avisando-o de seu propósito de receber o objeto da obrigação – *homine interpellat pro homine* – o homem interpela o homem.

Enquanto não interpelado, o devedor não tem obrigação de cumprimento. Consequentemente, só estará em atraso o devedor de uma obrigação sem vencimento se, depois de interpelado, não tiver cumprido. Só após a interpelação e seu não atendimento pelo devedor é que poderia dizer que estará em atraso, ou seja, em mora (artigo 397 do CC).[54]

No exemplo acima, do professor e do aluno, no empréstimo do livro, sem vencimento, o professor deverá avisar o

---

[53] RODRIGUES, Silvio. *Direito Civil.* V. II. Parte geral das obrigações. 30 ed. São Paulo: Saraiva, 2002, p. 160.

[54] Art. 397. O inadimplemento da obrigação, positiva e líquida, no seu termo, constitui de pleno direito em mora o devedor.
Parágrafo único. Não havendo termo, a mora se constitui mediante interpelação judicial ou extrajudicial.

aluno de seu intento de receber de volta o livro, respeitando o prazo do uso, e o aluno só estará em atraso se não cumprir após ter sido interpelado.

Por fim, devemos lembrar agora das **obrigações condicionais**. Condição é um elemento acidental do negócio jurídico, fixado pela ideia de um evento futuro e incerto, como estudamos na parte geral do direito civil.

Segundo o artigo 332 do CC,[55] as obrigações condicionais deverão ser cumpridas na data do implemento da condição, sendo que a prova do implemento compete ao credor. Vamos falar de formatura, como exemplo. O tio do aluno garante que doará um automóvel quando seu sobrinho se formar em Direito. Não estipulam data certa. O cumprimento da obrigação estará condicionado ao um evento futuro e incerto, qual seja, a formatura do sobrinho. Este, ao celebrar sua formatura, deverá comprovar ao tio o ocorrido, ou seja, o implemento da condição, e aí há obrigação de cumprimento por parte do tio.

Não devemos esquecer que as condições são suspensivas ou extintivas. Nesse caso, do artigo analisado, trata-se de condição suspensiva, que é aquela que não permite que o direito se constitua enquanto não verificado o implemento da condição.

RESUMO

Adimplemento – Estudamos as formas de cumprimento das obrigações, salientando a teoria da pontualidade (que deve ser respeitada para que o pagamento se efetive) e o estudo do gênero pagamento com a análise de seu conceito, de sua natureza jurídica e de suas diversas espécies.

---

[55] Art. 332. As obrigações condicionais cumprem-se na data do implemento da condição, cabendo ao credor a prova de que deste teve ciência o devedor.

O estudo enveredou-se sobre *as condições subjetivas do pagamento:*

(a) *quem se deve pagar (accipiens* – as regras sobre os pagamentos recebidos por outrem que não o próprio credor, representante ou o credor putativo);
(b) *de quem deve pagar (solvens* – as regras sobre os pagamentos realizados por terceiros, interessados ou não interessados).

Estudamos o objeto (análise da prestação, inclusive da hipótese da prestação móvel, da teoria da imprevisão e das regras incidentes sobre o pagamento em dinheiro).

Estudamos a prova do pagamento (instrumento de quitação, seus requisitos e presunções legais), o lugar do pagamento (quesível e portável, hipóteses de alteração) e o tempo do pagamento (obrigações com vencimento e sem vencimento, além das obrigações condicionais).

OUTRAS FORMAS DE ADIMPLEMENTO

Ao lado do meio normal direto, qual seja, o pagamento, temos outras formas de adimplir com a obrigação contratual. Inicialmente, vamos analisar os meios normais indiretos: dação e consignação em pagamento, bem como a sub-rogação. Neste momento pretendemos apresentar cada uma dessas figuras de uma forma direta e objetiva, facilitando a compreensão e a aplicação prática dos institutos.

1. Dação em pagamento

A **dação em pagamento** (artigos 356 até 359 do CC[1]) ocorre quando o credor aceita outra prestação no lugar daquela realmente devida, dando quitação ao credor. Ressalta a doutrina o conceito: consiste na entrega pelo devedor, a título de pagamento, de uma outra coisa, que não a devida, ao credor, com aceitação deste.[2]

Por exemplo, quando o credor ao invés da bicicleta aceita um par de patins, dando quitação ao devedor com a entrega

---

[1] Art. 356. O credor pode consentir em receber prestação diversa da que lhe é devida.
Art. 357. Determinado o preço da coisa dada em pagamento, as relações entre as partes regular-se-ão pelas normas do contrato de compra e venda.
Art. 358. Se for título de crédito a coisa dada em pagamento, a transferência importará em cessão.
Art. 359. Se o credor for evicto da coisa recebida em pagamento, restabelecer-se-á a obrigação primitiva, ficando sem efeito a quitação dada, ressalvados os direitos de terceiros.

[2] AZEVEDO, Álvaro Villaça. *Teoria geral das obrigações*. 10 ed. São Paulo: Editora Atlas, 2004, p. 185.

deste último, mesmo sabendo que a prestação era a entrega da bicicleta. Aceita-se, portanto, outra coisa no lugar daquela pactuada, valendo essa alteração como cumprimento da obrigação e, consequentemente, sua extinção.

Vejamos como caiu:

> (V Exame da OAB 2011.2) – A dação em pagamento é:
> (a) modalidade de obrigação facultativa, na qual o credor consente em receber objeto diverso ao da prestação originariamente pactuada;
> (b) modalidade de adimplemento direto, na qual o credor consente em receber objeto diverso ao da prestação originariamente pactuada;
> (c) causa extintiva da obrigação, na qual o credor consente em receber objeto diverso ao da prestação originariamente pactuada;
> (d) modalidade de obrigação alternativa, na qual o credor consente em receber objeto diverso ao da prestação originariamente pactuada.
> Resposta: C

Vejamos o apontamento da doutrina nas palavras de Mariana Pazianotto Deperon:

> É certo, no direito das obrigações, que o devedor só se desobriga mediante o pagamento da coisa que é devida ao credor, i. e., do cumprimento da prestação, qualquer que seja sua natureza. Porém, se o credor consentir – e o consentimento no caso da dação é requisito essencial para sua realização – poderá ser dada em pagamento pelo devedor coisa diversa em substituição à originalmente devida.[3]

---

[3] DEPERON, Mariana Pazianotto. Dação em pagamento. *In*: LOTUFO, Renan; NANNI, Giovanni Ettore (coordenadores). *Obrigações*. São Paulo: Editora Atlas, 2011, p. 441.

Sendo assim, haverá dação em pagamento quando ocorrer entrega de outra prestação em substituição à prestação anterior, com consenso das partes. Esse consenso é essencial, mormente porque o credor e o devedor não são obrigados a prestar ou receber outra coisa senão à prestação inicial. Realmente, o credor da entrega de um VW-Fusca não pode ser obrigado a aceitar uma BMW, e o devedor de uma BMW não é obrigado a aceitar a entrega de um VW-Fusca.

Vale considerar que a doutrina nacional não exige que o objeto entregue seja do mesmo valor que o objeto originariamente devido. E valoriza-se a entrega de dinheiro no lugar do objeto, na medida em que isso facilita e muito o adimplemento, nos termos liberais constantes do artigo 356 do CC.

Quanto ao valor dos objetos, vale a lição da autora citada:

> Pode-se indagar se o objeto a ser dado em pagamento deve ter o mesmo valor que a prestação original. De acordo com a doutrina brasileira, não é necessário que haja coincidência entre o valor da coisa a ser recebida pelo credor, a título de dação em pagamento, e o montante da dívida original.[4]

Por fim, considera-se que o artigo 357 do CC estabelece que se a coisa dada em pagamento é móvel ou imóvel, aplicam-se no que couberem as normas e princípios relativos ao contrato de compra e venda. Vale dizer que o artigo 359 aponta as consequências advindas de possível evicção, ou seja, se o credor perder a coisa recebida para terceiro em virtude de direito anterior ao seu, restaura-se a obrigação primitiva, ficando sem efeito a quitação.

No mesmo sentido, para finalizar, o artigo 358 do CC, re-

---

[4] DEPERON, Mariana Pazianotto. Dação em pagamento. *In*: LOTUFO, Renan; NANNI, Giovanni Ettore (coordenadores). *Obrigações*. São Paulo: Editora Atlas, 2011, p. 445.

gulamenta a hipótese de dação em pagamento decorrente da entrega de título de crédito, cuja entrega aceita pelo credor dará quitação ao devedor, ocorrendo a extinção da prestação.

2. Consignação em pagamento

A **consignação em pagamento** (artigos 334 até 345 do CC) ocorrerá em alguns casos especificados no CC, permitindo que o devedor apresente a prestação, depositando-a e, a partir disso, afastando os efeitos da mora.

O depósito em consignação pode ser bancário (extrajudicial) ou judicial, sendo que ambos apresentam, como efeito, a extinção da obrigação, nos casos e nas formas legais (artigo 334 do CC).[5]

Aplica-se a consignação, por exemplo, quando o credor não vem receber como deveria ou quando recusa dar quitação, ou quando se torna impossível para o devedor prestar por algum motivo alheio a sua vontade, como uma inundação, bem como na existência de dúvida de quem seja o credor ou na existência de litígio judicial sobre o bem objeto do pagamento (artigo 335 do CC).[6]

Os artigos 336 a 345 do CC regulamentam o exercício desse direito, que assume procedimento especial previsto no Código de Processo Civil (artigos 890 a 900 do CPC).

Decorre da lei, inclusive, que a oferta deve ser perfeita e inte-

---

[5] Art. 334. Considera-se pagamento, e extingue a obrigação, o depósito judicial ou em estabelecimento bancário da coisa devida, nos casos e forma legais.

[6] Art. 335. A consignação tem lugar:
I – se o credor não puder, ou, sem justa causa, recusar receber o pagamento, ou dar quitação na devida forma;
II – se o credor não for, nem mandar receber a coisa no lugar, tempo e condição devidos;
III – se o credor for incapaz de receber, for desconhecido, declarado ausente, ou residir em lugar incerto ou de acesso perigoso ou difícil;
IV – se ocorrer dúvida sobre quem deva legitimamente receber o objeto do pagamento;
V – se pender litígio sobre o objeto do pagamento.

gral para que seja válida, caso contrário a consignação não gerará os efeitos pretendidos. Para que a consignação tenha a força do pagamento, tais princípios do pagamento devem ser respeitados, o que se extrai da leitura do artigo 336 do CC que afirma: "Para que a consignação tenha força de pagamento, será mister concorram, em relação às pessoas, ao objeto, modo e tempo, todos os requisitos sem os quais não é válido o pagamento".

O artigo 337 do CC, por sua vez, menciona que a consignação se requererá no lugar onde se deveria pagar. Ressalta, ainda, que eventuais efeitos extintivos só advirão se a ação for julgada procedente. Confira o texto legal: "O depósito requerer-se-á no lugar do pagamento, cessando, tanto que se efetue, para o depositante, os juros da dívida e os riscos, salvo se for julgado improcedente".

Em resumo, vale o ensinamento de Fábio Ulhoa Coelho:

> Quando o pagamento direto da obrigação é obstado ou dificultado por razões alheias à vontade do devedor, pode ele se valer do pagamento em consignação. Esta forma de extinção do vínculo obrigacional consiste numa medida judicial (ação de consignação em pagamento) em que a prestação é depositada em juízo. Se julgada procedente, a medida terá os mesmos efeitos do pagamento direto.[7]

Vejamos como caiu:

(OAB/SP – 118º Exame de Ordem) – Não é circunstância que enseja o pagamento por consignação a:

(a) dúvida quanto à pessoa do credor;
(b) dúvida quanto à existência da dívida;
(c) recusa injustificada do credor ao recebimento do pagamento;

---
[7] COELHO, Fábio Ulhoa. *Curso de Direito Civil*. V. II. São Paulo: Saraiva, 2004, p. 133.

(d) inacessibilidade do local de residência do credor.
Resposta: B

(OAB/SP – 121º Exame de Ordem) – A consignação extrajudicial é:
(a) meio indireto de o devedor exonerar-se do liame obrigacional, consistente no depósito judicial da coisa devida, nos casos e formas legais;
(b) aquela em que o devedor, ou terceiro interessado na extinção do débito pecuniário, deposita o pagamento do quantum devido em estabelecimento bancário oficial, onde houver, e não havendo em banco privado, situado no local do pagamento, em conta com atualização monetária, cientificando o credor por carta com aviso de recepção, dando prazo de 10 dias para manifestação de recusa;
(c) meio indireto de o devedor exonerar-se da obrigação consistente no depósito em juízo ou em estabelecimento bancário da quantia devida;
(d) a substituição, nos direitos creditórios, daquele que solveu obrigação alheia.
Resposta: B

(OAB – IX Exame de Ordem) – Tiago celebrou com Ronaldo contrato de compra e venda de dez máquinas de costura importadas da China. Restou acordado que o pagamento se daria em trinta e seis prestações mensais e consecutivas com reajuste a cada doze meses conforme taxa Selic, a ser efetuado no domicílio do credor. O contrato estabeleceu, ainda, a incidência de juros moratórios, no importe de 2% (dois por cento) do valor da parcela em atraso, e cláusula penal, fixada em 10% (dez por cento) do valor do contrato, em caso de inadimplência. Após o pagamento de nove parcelas, Tiago foi surpreendido com a notificação extrajudicial enviada por Ronaldo, em que se comunicava um reajuste de

> 30% (trinta por cento) sobre o valor da última parcela paga sob o argumento de que ocorreu elevada desvalorização no câmbio. Tiago não concordou com o reajuste e ao tentar efetuar o pagamento da décima parcela com base no valor inicialmente ajustado teve o pagamento recusado por Ronaldo. Considerando o caso acima e as regras previstas no Código Civil, assinale a afirmativa correta.
>
> (a) Caso Tiago consigne o valor da décima parcela por meio de depósito judicial, poderá levantá-lo enquanto Ronaldo não informar o aceite ou não o impugnar, desde que pague todas as despesas.
>
> (b) Na hipótese de Tiago consignar judicialmente duas máquinas de costura com a finalidade de afastar a incidência dos encargos moratórios e da cláusula penal, este depósito será apto a liberá-lo da obrigação assumida.
>
> (c) O depósito consignatório realizado por Tiago em seu domicílio terá o poder liberatório do vínculo obrigacional, isentando-o do pagamento dos juros moratórios e da cláusula penal.
>
> (d) Tiago poderá depositar o valor referente à décima parcela sob o fundamento de injusta recusa, porém não poderá discutir, no âmbito da ação consignatória, a abusividade ou ilegalidade das cláusulas contratuais.
>
> Resposta: A

3. Sub-rogação

Alguns autores estudam a **sub-rogação** (artigos 346 até 351 do CC)[8] neste momento, incluindo-as como um fator de

---

[8] Art. 346. A sub-rogação opera-se, de pleno direito, em favor:
I – do credor que paga a dívida do devedor comum;

extinção da obrigação por meio normal indireto. Falamos da sub-rogação e seus efeitos quando tratamos do pagamento feito por terceiro interessado. Ela pode ser proveniente da lei (ex. pagamento feito pelo fiador de contrato de locação da dívida do locatário, em favor do locador), ou convencional, proveniente, neste caso, da vontade das partes.

Encontramos apontamentos sobre isso na doutrina de Flávio Castellano:

> O Código Civil Brasileiro disciplina duas modalidades de pagamento com sub-rogação: a legal e a convencional. A primeira decorre de expressa disposição de lei – em hipóteses cujo rol é fixado em *numerus clausus* – e a segunda é derivada de acordo de vontades, seja entre o credor e o *solvens*, seja entre este e o devedor.[9]

O mencionado artigo 346 do CC trata da sub-rogação que se opera de pleno direito, portanto, em virtude de disposição legal. O artigo seguinte do CC trata das modalida-

---

II – do adquirente do imóvel hipotecado, que paga a credor hipotecário, bem como do terceiro que efetiva o pagamento para não ser privado de direito sobre imóvel;
III – do terceiro interessado, que paga a dívida pela qual era ou podia ser obrigado, no todo ou em parte.
Art. 347. A sub-rogação é convencional:
I – quando o credor recebe o pagamento de terceiro e expressamente lhe transfere todos os seus direitos;
II – quando terceira pessoa empresta ao devedor a quantia precisa para solver a dívida, sob a condição expressa de ficar o mutuante sub-rogado nos direitos do credor satisfeito.
Art. 348. Na hipótese do inciso I do artigo antecedente, vigorará o disposto quanto à cessão do crédito.
Art. 349. A sub-rogação transfere ao novo credor todos os direitos, ações, privilégios e garantias do primitivo, em relação à dívida, contra o devedor principal e os fiadores.
Art. 350. Na sub-rogação legal o sub-rogado não poderá exercer os direitos e as ações do credor, senão até à soma que tiver desembolsado para desobrigar o devedor.
Art. 351. O credor originário, só em parte reembolsado, terá preferência ao sub-rogado, na cobrança da dívida restante, se os bens do devedor não chegarem para saldar inteiramente o que a um e outro dever.

[9] CASTELLANO, Flávio. Pagamento com sub-rogação. *In*: LOTUFO, Renan; NANNI, Giovanni Ettore (coordenadores). *Obrigações*. São Paulo: Editora Atlas, 2011, p. 400.

des de sub-rogação decorrente da vontade das partes, ou seja, convencional.

É preciso compreender que na sub-rogação o principal efeito não está na extinção da obrigação inicial, mas sim na criação de novo vínculo jurídico obrigacional entre aquele que paga e o devedor beneficiado. Por isso, quem paga assume crédito do credor, no valor aproveitado pelo ato que realizou, inclusive, com privilégios e garantias antes existentes. Vejamos o comentário de Flávio Castellano:

> Pode-se dizer que no direito brasileiro o pagamento com sub-rogação consiste na substituição da pessoa que ocupa uma das extremidades do liame obrigacional por outra, em razão de pagamento feito por terceiro ou empréstimo ao devedor ou ainda na ramificação dessa extremidade para a inclusão de terceiro, no caso de satisfação parcial do crédito, sem que o liame seja considerado rompido ou extinto em relação ao ocupante da outra extremidade.[10]

O mesmo doutrinador aponta que não ocorre a sub-rogação nas obrigações personalíssimas (considerando que há qualidade pessoal envolvida no vínculo obrigacional), as dívidas tributárias, pelo menos no que tange aos privilégios que o Fisco (fazenda pública) tem enquanto credor de tributos (aqui só a pessoa jurídica de direito público é que tem direito ao crédito tributário, não se comunicando tal condição especial ao particular que se sub-roga), as dívidas alimentares (no que tange ao bem da vida almejado em si, insuscetível, que é de alienação ou disposição, a exemplo da escola, da saúde etc.).[11]

---

[10] CASTELLANO, Flávio. Pagamento com sub-rogação. In: LOTUFO, Renan; NANNI, Giovanni Ettore (coordenadores). Obrigações. São Paulo: Editora Atlas, 2011, p. 393.

[11] Ibidem, p. 402ss.

Ocorre, na sub-rogação, uma substituição pessoal, sem modificar a essência do vínculo anterior, mantendo-o, mas com a saída do credor pago e a entrada, em seu lugar, de terceiro interessado, autor do pagamento.[12]

Vejamos como caiu:

> (OAB/SP – 129º Exame de Ordem) – São formas de adimplemento:
> (a) novação subjetiva passiva por expromissão, remissão e imputação;
> (b) compensação, confusão e comistão;
> (c) pagamento direto, consignação e adjunção;
> (d) estipulação em favor de terceiro, dação e pagamento com sub-rogação.
> Resposta: A

A diferenciação entre o pagamento com sub-rogação e a cessão de crédito é destacado pela doutrina:

> O escopo do pagamento com sub-rogação e o da cessão de crédito são, em geral, distintos: enquanto no primeiro o efeito é a extinção do direito do credor originário e sua substituição por quem o paga ou por quem emprestou dinheiro ao devedor para que o fizesse, na cessão de crédito o propósito das partes é, em geral, especulativo.[13]

---

[12] AZEVEDO, Álvaro Villaça de. *Teoria geral das obrigações*. 10 ed. São Paulo: Editora Atlas, 2004, p. 178.

[13] CASTELLANO, Flávio. Pagamento com sub-rogação. *In*: LOTUFO, Renan; NANNI, Giovanni Ettore (coordenadores). *Obrigações*. São Paulo: Editora Atlas, 2011, p. 393.

No mesmo sentido e pautado na mesma doutrina, podemos observar que existe diferença entre a sub-rogação e o direito de regresso. Este é um direito novo concedido a quem extinguiu a relação creditória anterior, enquanto a sub-rogação é o mesmo direito que passa do *accipiens* para o sub-rogado. Por isso, no simples direito de regresso não acompanham as ações, garantias e privilégios que seguem o crédito no caso do pagamento com sub-rogação.[14]

4. Imputação do pagamento

A **imputação do pagamento** (artigos 352 a 355 do CC)[15] ocorrerá quando o devedor tiver com o mesmo credor mais de um débito, da mesma natureza, ambos líquidos e vencidos. Nestas circunstâncias o devedor imputará qual está pagando, sob pena de aceitar a indicação do credor quando receber. Sendo assim, no silêncio do devedor inverte-se a regra geral, passando a imputação ao credor. A imputação do credor não será aceita se este agir com dolo ou violência contra o devedor, impedindo que ele exercite seu direito de imputar.

---

[14] CASTELLANO, Flávio. Pagamento com sub-rogação. *In*: LOTUFO, Renan; NANNI, Giovanni Ettore (coordenadores). *Obrigações*. São Paulo: Editora Atlas, 2011, p. 411.

[15] Art. 352. A pessoa obrigada por dois ou mais débitos da mesma natureza, a um só credor, tem o direito de indicar a qual deles oferece pagamento, se todos forem líquidos e vencidos.
Art. 353. Não tendo o devedor declarado em qual das dívidas líquidas e vencidas quer imputar o pagamento, se aceitar a quitação de uma delas, não terá direito a reclamar contra a imputação feita pelo credor, salvo provando haver ele cometido violência ou dolo.
Art. 354. Havendo capital e juros, o pagamento imputar-se-á primeiro nos juros vencidos, e depois no capital, salvo estipulação em contrário, ou se o credor passar a quitação por conta do capital.
Art. 355. Se o devedor não fizer a indicação do art. 352, e a quitação for omissa quanto à imputação, esta se fará nas dívidas líquidas e vencidas em primeiro lugar. Se as dívidas forem todas líquidas e vencidas ao mesmo tempo, a imputação far-se-á na mais onerosa.

A imputação do pagamento consiste, portanto, na determinação da dívida que se pretende quitar, dentre as existentes.[16] Ensina-nos Mariana Pazianotto Deperon que:

> Quando um devedor possui duas ou mais dívidas líquidas e vencidas em relação a um mesmo credor, de mesma natureza, e não possui recursos suficientes para quitar a todas, o devedor pode, por meio do instituto denominado imputação do pagameto, escolher qual dívida pretende quitar.[17]

Por exemplo, Alberto tem duas dívidas com Benedito, ambas líquidas e vencidas, respectivamente nos valores de R$ 100,00 cada uma delas. Como estão vencidas devem ser pagas. Imaginem que Alberto entregue R$ 100,00 a Benedito. Considerando as dívidas que tem, ele pode imputar sobre qual das duas dívidas cairá o abatimento do que está sendo parcialmente pago. Caso o devedor silencie, Benedito é quem passará a poder indicar sobre qual das dívidas recai o pagamento. Vejamos qual é o trajeto indicado pelo CC para a consolidação da imputação:

> Nosso CC permite que o devedor use, em primeiro lugar, do direito de indicar a dívida imputável; se ele não o fizer, esse direito se transferirá ao credor, e se nem um nem outro lançar mão desse instituto, a lei mencionará o critério que deverá ser seguido, prevalecendo, então, a imputação legal.[18]

Os artigos do CC indicam três possíveis imputações ao pa-

---

[16] Diniz, Maria Helena. *Curso de direito civil brasileiro*. Teoria geral das obrigações. Vol. II. 20 ed. São Paulo: Saraiva, 2004, p. 273.

[17] Deperon, Mariana Pazianotto. Imputação do pagamento. *In*: Lotufo, Renan; Nanni, Giovanni Ettore (coordenadores). *Obrigações*. São Paulo: Editora Atlas, 2011, p. 422.

[18] Diniz, Maria Helena. *Op. cit.*, p. 273.

gamento: artigo 352, aquela realizada pelo devedor; artigo 353, realizada pelo credor; e artigo 355, conhecida como imputação legal, que "ocorre apenas nos casos em que nem o devedor nem o credor exerceram o direito de imputar o pagamento, fazendo-se necessário, portanto, que a lei estabeleça critérios legais para que este se realize".[19]

Em virtude dessa última hipótese (artigo 355 do CC) encontramos fatores de presunção de imputação, que serão aplicados sempre que as partes silenciarem, ou seja, quando nem o credor nem o devedor imputarem. Primeira: havendo capital e juros vencidos com o mesmo credor, o devedor que paga parcialmente verá o abatimento recair primeiramente sobre os juros. Segunda: havendo duas dívidas, uma mais antiga que a outra, o abatimento recairá primeiramente sobre a mais antiga, para só depois alcançar a mais recente. Se ambas tiverem o mesmo tempo, recairá sobre a mais onerosa.

5. Novação

Assim como as outras modalidades de adimplemento já estudadas, a novação (artigos 360 até 367 do CC)[20] produz o

---

[19] DEPERON, Mariana Pazianotto. Imputação do pagamento. *In*: LOTUFO, Renan; NANNI, Giovanni Ettore (coordenadores). *Obrigações*. São Paulo: Editora Atlas, 2011, p. 430.

[20] Art. 360. Dá-se a novação:
I – quando o devedor contrai com o credor nova dívida para extinguir e substituir a anterior;
II – quando novo devedor sucede ao antigo, ficando este quite com o credor;
III – quando, em virtude de obrigação nova, outro credor é substituído ao antigo, ficando o devedor quite com este.
Art. 361. Não havendo ânimo de novar, expresso ou tácito mas inequívoco, a segunda obrigação confirma simplesmente a primeira.
Art. 362. A novação por substituição do devedor pode ser efetuada independentemente de consentimento deste.
Art. 363. Se o novo devedor for insolvente, não tem o credor, que o aceitou, ação regressiva contra o primeiro, salvo se este obteve por má-fé a substituição.
Art. 364. A novação extingue os acessórios e garantias da dívida, sempre que não houver estipulação em contrário. Não aproveitará, contudo, ao credor ressalvar o penhor, a

mesmo efeito do pagamento. Ocorre quando as partes, através de negócio jurídico, criam uma obrigação nova para extinguir a obrigação anterior. Vejamos o conceito da doutrina:

> A novação é a operação jurídica por meio da qual uma obrigação nova substitui a obrigação originária. O credor e o devedor, ou apenas o credor, dão por extinta a obrigação e criam outra. A existência dessa nova obrigação é condição de extinção da anterior.[21]

Observe que o pagamento (normal direto) tem natureza jurídica de ato e não de negócio jurídico, como aqui. Como não satisfaz diretamente a dívida, podemos denominar a novação como meio de extinção não satisfatório, tendo em vista que não houve cumprimento propriamente dito, mas apenas criação de uma nova obrigação.

Não se trata propriamente de uma transformação ou conversão de uma dívida em outra, mas de um fenômeno mais amplo, abrangendo a criação de uma nova obrigação, para extinguir a anterior.[22] Duas situações num único ato. Dá-se a novação, por exemplo, quando o devedor de juros não pagos ajusta com seu credor de incorporá-los no capital.[23]

---

hipoteca ou a anticrese, se os bens dados em garantia pertencerem a terceiro que não foi parte na novação.
Art. 365. Operada a novação entre o credor e um dos devedores solidários, somente sobre os bens do que contrair a nova obrigação subsistem as preferências e garantias do crédito novado. Os outros devedores solidários ficam por esse fato exonerados.
Art. 366. Importa exoneração do fiador a novação feita sem seu consenso com o devedor principal.
Art. 367. Salvo as obrigações simplesmente anuláveis, não podem ser objeto de novação obrigações nulas ou extintas.

[21] VENOSA, Silvio de Salvo. *Teoria geral das obrigações e teoria geral dos contratos*. 5 ed. São Paulo: Editora Atlas, 2005, p. 295.

[22] GONÇALVES, Carlos Roberto. *Direito civil brasileiro*. V. II. Teoria geral das obrigações. São Paulo: Saraiva, 2004, p. 315.

[23] RODRIGUES, Silvio. *Direito Civil*. V. II. Parte geral das obrigações. 30 ed. São Paulo: Saraiva, 2002, p. 199.

Não se deve dizer "contrato de novação", pois ela não é um negócio jurídico em si, "a novação tem a natureza jurídica de modo de extinção das obrigações. Mais especificamente, trata-se de um modo especial não satisfatório, uma vez que não há adimplemento e a relação obrigacional se finda sem a satisfação do credor".[24]

Os requisitos da novação são importantíssimos para sua configuração: (a) existência de obrigação anterior; (b) constituição de uma nova obrigação para substituir a anterior; e (c) acordo de vontade com *animus novandi*.

Quanto ao primeiro requisito, não se pode novar o que não existe ou que já está extinto, nem mesmo novar o que é nulo, pois não produz efeito jurídico. A novação só recai, portanto, sobre obrigação existente e juridicamente válida e eficaz.

Neste mesmo diapasão, devemos lembrar que as obrigações anuláveis podem ser novadas, mas as nulas não. As anuláveis admitem novação, pois as partes, ao novarem, estarão renunciando ao direito de anular.

As obrigações naturais podem ser novadas, pois mesmo sendo inexigível seu cumprimento, o pagamento realizado será válido para todos os efeitos. Sendo assim, se as partes decidem novar obrigação juridicamente inexigível, estarão realizando negócio jurídico para substituir a obrigação, fazendo nascer, pela vontade, uma obrigação nova, exigível.

Quanto ao segundo requisito, a novação poderá recair sobre os sujeitos ou sobre o objeto, ou ambos. Pelo menos um dos elementos precisa ser alterado. Inclusive, a modificação de aspectos secundários não acarreta a novação, como, por exemplo, a modificação do valor percentual dos juros a serem aplicados numa dívida ou a concessão de um prazo maior para seu cumprimento.

---

[24] FIGUEIREDO, Gabriel Seijo Leal de. Novação. *In*: LOTUFO, Renan; NANNI, Giovanni Ettore (coordenadores). *Obrigações*. São Paulo: Editora Atlas, 2011, p. 460.

Quanto ao terceiro requisito, o *animus novandi*, pode ser expresso ou tácito, porém sempre inequívoco. Ensina Fábio Ulhoa Coelho: mesmo que o instrumento firmado pelas partes não contenha expressa referência à novação, esta existirá se de outros elementos for possível concluir ter sido vontade das partes extinguir a obrigação mediante sua substituição por outra.[25]

Inclusive, esse elemento é núcleo central da formação do instituto, importantíssimo. Tanto que, como diz Gabriel Seijo Leal de Figueiredo, na modalidade tácita a atenção deve ser redobrada: "Como corolário, não se presume o intuito de novar. A parte que alegar novação tem o ônus de produzir provas robustas. E, em caso de dúvida, o juiz deve desacolher a arguição".[26]

Para parte da doutrina seria importante destacar como elemento que caracterize a novação a necessária presença de uma mudança real em um dos elementos da obrigação anterior, extinta. É o chamado *aliquid novi* ou elemento novo. Contudo, outra parte não reconhece tal necessidade, mantendo-se fiel à intenção, ao *animus* das partes como ponto de toque na formação da novação. Portanto, com *animus novandi* expresso, ela se caracteriza independentemente de qualquer outro fator, mas devemos ressaltar que na ausência de manifestação expressa a alteração de algum elemento (*aliquid novi*) poderá permitir uma interpretação de que a manifestação tácita ocorreu, portanto, operou-se a novação.[27]

Vale a pena ressaltar que deve existir para a nova obrigação capacidade e legitimação para o ato, pois se cria novo vínculo jurídico.[28]

---

[25] COELHO, Fábio Ulhoa. *Curso de Direito Civil*. V. II. São Paulo: Saraiva, 2004, p. 145.

[26] FIGUEIREDO, Gabriel Seijo Leal de. Novação. *In*: LOTUFO, Renan; NANNI, Giovanni Ettore (coordenadores). *Obrigações*. São Paulo: Editora Atlas, 2011, p. 466.

[27] FIGUEIREDO, Gabriel Seijo Leal de. Novação. *In*: LOTUFO, Renan; NANNI, Giovanni Ettore (coordenadores). *Obrigações*. São Paulo: Editora Atlas, 2011, p. 470ss.

[28] VENOSA, Silvio de Salvo. *Teoria geral das obrigações e teoria geral dos contratos*. 5 ed. São Paulo: Editora Atlas, 2005, p. 301.

São espécies da novação: a objetiva, a subjetiva e a mista. Realmente, a novação pode recair sobre o objeto, sobre os sujeitos ou ambos. Será objetiva quando recair a modificação sobre o objeto. Será subjetiva quando recair sobre os sujeitos, seja ativo ou passivo. A mista envolve mudança em ambos os aspectos.

A novação subjetiva reclassifica-se em novação subjetiva ativa e novação subjetiva passiva. Estas podem ser realizadas através da expromissão ou através da delegação, tal qual vimos na assunção de dívida. Assim, teremos novação subjetiva passiva, com mudança do polo passivo, por expromissão (quando o devedor for afastado pelo credor, indicando o novo devedor) ou por delegação (quando o devedor e o novo devedor obtiverem a anuência do credor para operar a substituição), sempre, com o ânimo de criar uma nova obrigação. Não havendo esse ânimo, ou seja, ocorrendo mera substituição, teremos assunção e não novação.

Por fim, os efeitos da novação precisam ser apontados. Além de trazer a extinção da obrigação inicial, podemos dizer que desaparecendo a dívida anterior perecem as garantias pessoais e reais (pessoais ou fidejussórias: fiança e aval; reais – hipoteca, penhor e anticrese) e perecem também os acessórios do crédito novado. É o que está disposto nos artigos 364 a 366 do CC.

Assim, por exemplo, a solidariedade e a fiança só existirão na nova obrigação se houver consentimento de todos os envolvidos, inclusive de terceiros, como o fiador. Em resumo:

> Logo, se a obrigação assegurada se findar, o reforço do crédito também despararecerá. Pelo mesmo motivo, caso o terceiro garantidor consinta com a novação declarando sua vontade de assegurar a nova obrigação, ocorrerá a constituição de uma nova garantia.[29]

---

[29] VENOSA, Silvio de Salvo. *Teoria geral das obrigações e teoria geral dos contratos*. 5 ed. São Paulo: Editora Atlas, 2005, p. 477.

Na esteira do mesmo ensinamento de Silvio de Salvo Venosa, também com a novação paralisam-se os juros e a correção monetária, cessa o estado de atraso (mora), se eventualmente existente, no tocante à dívida antiga.[30]

Vejamos como caiu:

> (OAB/SP – 120º Exame de Ordem) – A deve a B R$ 80.000,00. C, amigo de A, sabendo do débito, pede ao credor que libere A, ficando C como devedor. No caso está configurada a:
> (a) novação subjetiva ativa;
> (b) novação subjetiva passiva por delegação;
> (c) novação objetiva;
> (d) novação subjetiva passiva por expromissão.
> Resposta: D
>
> (OAB/SP – 125º Exame de Ordem) – A novação ocorre quando:
> (a) o credor consente em receber prestação diversa da que lhe é devida, com o intuito de extinguir a obrigação;
> (b) um novo devedor sucede ao antigo, ficando este último quite com o credor;
> (c) se confundem em uma mesma pessoa as qualidades de credor e devedor.
> (d) duas pessoas forem ao mesmo tempo credoras e devedoras uma da outra, de dívidas líquidas, vencidas e de coisas fungíveis, extinguindo-se as obrigações, até onde puderem ser abatidas.
> Resposta: B

---

[30] VENOSA, Silvio de Salvo. *Teoria geral das obrigações e teoria geral dos contratos*. 5 ed. São Paulo: Editora Atlas, 2005, p. 303.

6. Compensação

A **compensação** (artigos 368 até 380 do CC) também é um meio extintivo não satisfativo da obrigação, acarretando a extinção de duas ou mais obrigações, cujos credores são simultaneamente devedores um do outro. Produz o mesmo efeito do pagamento, mas não há satisfação efetiva da prestação, com o objetivo principal de tirar a circulação inútil da moeda, eliminando um circuito inútil[31] de valores. É vista por alguns autores como um *encontro de dívidas*.[32]

O fato é que as pessoas podem ter dívidas recíprocas, e isto não teria maior significado se a lei não determinasse ou permitisse, como veremos, o encontro dessas dívidas a fim de extingui-las.[33]

Assim, se duas ou mais pessoas forem ao mesmo tempo credor e devedor uma da outra, as duas obrigações extinguem-se, até onde se compensarem, tal previsto no artigo 368 do CC.[34]

Por fim, é a lição de Rafael Marinangelo:

> Definimos a compensação como meio indireto de extinção das obrigações sucedâneo do pagamento porquanto não constitui, de fato, o pagamento (que é um dever e implica o cumprimento da prestação), mas sim um direito potestativo de parte que o substitui, cuja eficácia é a satisfação dos credores e os esperados efeitos liberatórios.[35]

---

[31] Gomes, Orlando. *Obrigações*. 16 ed. Rio de Janeiro: Forense, 2004, p. 153.

[32] Tartuce, Fernanda; Sartori, Fernando. *Como se preparar para o exame de ordem*. 1ª fase – Civil. São Paulo: Método, 2004, p. 47.

[33] Gomes, Orlando. *Op. cit.*, p. 153.

[34] Art. 368. Se duas pessoas forem ao mesmo tempo credor e devedor uma da outra, as duas obrigações extinguem-se, até onde se compensarem.

[35] Marinangelo, Rafael. Compensação. *In*: Lotufo, Renan; Nanni, Giovanni Ettore (coordenadores). *Obrigações*. São Paulo: Editora Atlas, 2011, p. 494.

A compensação pode atingir total ou parcialmente as dívidas, bem como classificando-se em legal, convencional ou judicial.

A compensação legal é aquela apontada na lei, que ocorre automaticamente, independentemente da vontade das partes, desde que preenchidos os requisitos legais do artigo 368 do CC. Exige-se a reciprocidade dos créditos, a liquidez das dívidas (valor certo e determinado), a exigibilidade das prestações (vencimento) e a homogeneidade das prestações (fungibilidade). Na presença de todos opera-se de pleno direito, sem necessidade de vontade das partes.

A compensação convencional é aquela proveniente da vontade livre das partes, não havendo qualquer requisito previsto na lei, por conta da aplicação da autonomia privada em relação aos direitos patrimoniais disponíveis. Como nos ensina a doutrina especializada sobre o tema, "é a compensação de natureza negocial, ou seja, é aquela realizada mediante a manifestação de vontade das partes e prescinde dos requisitos exigidos na compensação legal".[36]

Assim, por exemplo, credores simultâneos podem compensar uma dívida vencida com outra não vencida ou, então, compensar uma dívida de entregar dinheiro com outra de entregar sacas de café. Por ser convencional, só ocorre diante da vontade das partes, e não de pleno direito, sendo também chamada de facultativa.

A compensação judicial ocorre quando declarada pelo juiz no processo, geralmente, no momento em que julga e decide uma contenda judicial entre dois credores simultâneos. Tanto que o professor Álvaro Villaça de Azevedo indica que a compensação judicial está, no processo, na fi-

---

[36] MARINANGELO, Rafael. Compensação. In: LOTUFO, Renan; NANNI, Giovanni Ettore (coordenadores). *Obrigações*. São Paulo: Editora Atlas, 2011, p. 500.

gura da reconvenção (artigo 318 do Código de Processo Civil).³⁷

Assim, deve ser apontada pela parte que quer aproveitar-se do instituto num caso judicial, devendo opor tal direito no momento de sua resposta no processo. Para alguns autores, tal alegação deveria mesmo se travestir em sede de reconvenção, para outros não, bastaria opor em sede de contestação. Segundo Rafael Mariangelo a decisão correta, inclusive, da maioria das decisões dos Tribunais, é a de que o meio utilizado deva ser mesmo a reconvenção, como medida adequada para permitir ao juízo a promoção da liquidação judicial.³⁸

Há dívidas não compensáveis nas seguintes situações: quando as partes, de forma bilateral ou unilateral, renunciarem a esse direito (obstáculo criado pelos próprios interessados, através da exclusão convencional);³⁹ na ausência dos requisitos que a lei exige; quando o objeto se tratar de bem indisponível, como a dívida de pensão alimentícia; quando o objeto tiver sido obtido por comodato etc., nos moldes do artigo 373 do CC.⁴⁰

Esse é o resumo de Orlando Gomes quanto aos obstáculos à compensação. Entre nós são exceções ao direito de compensar: a) dívida proveniente de esbulho, roubo ou furto; b) a dívida oriunda de comodato, depósito ou alimentos; c) a dívida cujo objeto seja impenhorável.⁴¹

---

³⁷ Azevedo, Álvaro Villaça. *Teoria geral das obrigações*. 10 ed. São Paulo: Editora Atlas, 2004, p. 197.

³⁸ Mariangelo, Rafael. *Op. cit.*, p. 505.

³⁹ Gomes, Orlando. *Obrigações*. 16 ed. Rio de Janeiro: Forense, 2004, p. 156.

⁴⁰ Art. 373. A diferença de causa nas dívidas não impede a compensação, exceto:
I – se provier de esbulho, furto ou roubo;
II – se uma se originar de comodato, depósito ou alimentos;
III – se uma for de coisa não suscetível de penhora.

⁴¹ Gomes, Orlando. *Op. cit.*, p. 157.

Por fim, ainda quanto à compensação, vale citar a proibição declinada pelo artigo 170 do Código Tributário Nacional e o conteúdo do artigo 374 do CC, que foi revogado, razão pela qual as compensações de dívidas tributárias estão proibidas, só ocorrendo com permissão especial da lei.[42]

Vejamos como caiu:

> (OAB/SP – 120º Exame de Ordem) – A operação de mútua quitação entre credores recíprocos é:
> (a) confusão;
> (b) compensação;
> (c) imputação;
> (d) transação.
> Resposta: B

7. Confusão

Outra forma de extinção do vínculo obrigacional é a **confusão** (artigos 381 até 384 do CC).[43] Extingue-se também a obrigação, quando na mesma pessoa se confundem as qualidades de credor e devedor. Desaparecida a dualidade fundamental dos sujeitos, surge uma contradição jurídica, pois se torna impossível prestar a si próprio ou exigir o cumprimento de si mesmo (*impedimentum praestandi*).

---

[42] Azevedo, Álvaro Villaça. *Teoria geral das obrigações.* 10 ed. São Paulo: Editora Atlas, 2004, p. 201.

[43] Art. 381. Extingue-se a obrigação, desde que na mesma pessoa se confundam as qualidades de credor e devedor.
Art. 382. A confusão pode verificar-se a respeito de toda a dívida, ou só de parte dela.
Art. 383. A confusão operada na pessoa do credor ou devedor solidário só extingue a obrigação até a concorrência da respectiva parte no crédito, ou na dívida, subsistindo quanto ao mais a solidariedade.
Art. 384. Cessando a confusão, para logo se restabelece, com todos os seus acessórios, a obrigação anterior.

É a chamada mesmeidade do titular do crédito, segundo nominação indicada por Carlos Roberto Gonçalves, de autoria de Pontes de Miranda.[44] Vale considerar ainda:

> A confusão distingue-se da compensação, malgrado em ambas exista a reunião das qualidades de credor e devedor. Nesta há dualidade de sujeitos, com créditos e débitos opostos, que se extinguem reciprocamente, até onde se defrontarem. Na confusão, reúnem-se numa só pessoa as duas qualidades, de credor e devedor, ocasionando a extinção da obrigação.[45]

Na confusão não exige a lei manifestação de vontade das partes, operando-se de pleno direito na presença dos requisitos legais. Ocorrerá em virtude de ato entre vivos (ex. cessão de crédito, casamento no regime de comunhão de bens etc.) ou em virtude de morte (*causa mortis*; ex. filho que deve ao pai e é seu único sucessor, herdeiro credor ou devedor do falecido etc.). Pode atingir a totalidade da dívida ou somente parte dela.

Relembramos que a confusão, na obrigação solidária, só extingue a dívida em relação à pessoa em que se efetuou a confusão e não aproveita aos demais, senão na parte confundida.

Quanto aos efeitos, a confusão extingue a obrigação principal e seus acessórios e ou garantias (fiança, penhor etc.). Mas, vale lembrar, que a fiança é obrigação acessória; portanto, havendo confusão entre o fiador e o credor extingue-se a obrigação do fiador, mas não a obrigação principal.

Se por algum fato ou ato superveniente cessar a confusão, a obrigação principal e seus acessórios se restabelecem.

---

[44] MIRANDA, Pontes. *Tratado de Direito Privado*. V. 25, 3007 p., p. 31, in GONÇALVES, Carlos Roberto. *Direito civil brasileiro*. V. II. Teoria geral das obrigações. São Paulo: Saraiva, 2004, p. 338.

[45] GONÇALVES, Carlos Roberto. *Direito civil brasileiro*. V. II. Teoria geral das obrigações. São Paulo: Saraiva, 2004, p. 339.

Exemplo: diante da sucessão provisória em virtude da declaração de ausência de pessoa física com seu posterior aparecimento; renúncia da herança etc. – pois teremos o chamado efeito neutralizador da confusão, fazendo com que as coisas retornem a seu estado anterior.

O restabelecimento do vínculo ocorre, portanto, com o término da confusão. A confusão cessa ou porque a causa de que procede é transitória, ou porque adveio de relação jurídica ineficaz.[46]

8. Remissão

Por fim, compete-nos estudar a **remissão de dívida** (artigos 385 a 388 do CC), fator que se aplica somente nas dívidas patrimoniais disponíveis, de caráter privado. É uma espécie de renúncia do direito ou poder de crédito que detém o credor no vínculo obrigacional, favorecendo, na relação, o polo passivo. Trata-se, sobretudo, de liberalidade efetuada pelo credor, desde que capaz, exonerando o devedor do cumprimento da obrigação. Diz Orlando Gomes que o credor pode perdoar a dívida, extinguindo, por sua autoridade, o crédito.[47] Ressalta Artur Marques da Silva Filho: "pela remissão, o credor libera o devedor graciosamente, dispondo de seu crédito e impossibilitando a posterior exigência do cumprimento ao remitido".[48]

Fator controvertido é analisar a necessidade ou não da concordância do devedor, ou seja, se a liberalidade para a

---

[46] RODRIGUES, Silvio. *Direito Civil*. V. II. Parte geral das obrigações. 30 ed. São Paulo: Saraiva, 2002, p. 224.

[47] GOMES, Orlando. *Obrigações*. 16 ed. Rio de Janeiro: Forense, 2004, p. 146.

[48] SILVA FILHO, Artur Marques da. Remissão. *In*: LOTUFO, Renan; NANNI, Giovanni Ettore (coordenadores). *Obrigações*. São Paulo: Editora Atlas, 2011, p. 530.

exoneração seria plena em relação ao credor ou se este dependeria do consentimento do devedor para que fosse aplicado o instituto.

Se considerarmos que a remissão é um ato unilateral, não há necessidade da participação do devedor – trataríamos a remissão como renúncia de direito. Contudo, isso poderia, na prática, ocasionar a possibilidade de o credor, economicamente mais forte, usar o instituto para humilhar ou mesmo comprometer a imagem do devedor, ao argumentar que ele não paga as dívidas ou que não poderia pagá-las se não fosse a remissão etc.

Portanto, é aconselhável permitir que o devedor não satisfeito realize a consignação em pagamento, apontando a não concordância com a remissão. Ensina Silvio de Salvo Venosa:

> Embora seja a remissão uma espécie de renúncia, com ela não se confunde, pois, embora possa ser um ato unilateral, não prescinde da concordância do devedor. O credor pode desejar perdoar a dívida. A motivação desse perdão é irrelevante para o direito; no entanto, o devedor pode ter interesse moral em pagar a dívida ou, melhor, interesse moral em que a dívida não seja perdoada. Pode, pois, valer-se da consignação, no caso de recusa por parte do credor.[49]

A doutrina alemã, segundo Orlando Gomes, requer o acordo entre credor e devedor, e a doutrina italiana não. O doutrinador aponta a seguinte conclusão: afirma-se apenas que, mesmo assim, terá existência antes do consentimento do devedor.[50]

---

[49] VENOSA, Silvio de Salvo. *Teoria geral das obrigações e teoria geral dos contratos*. 5 ed. São Paulo: Editora Atlas, 2005, p. 329.

[50] GOMES, Orlando. *Obrigações*. 16 ed. Rio de Janeiro: Forense, 2004, p. 147.

Acreditamos que o instituto é negócio jurídico, bilateral, na forma especial de renúncia de direito, no qual ambos devem consentir, expressa ou tacitamente, mesmo que pelo silêncio – entendemos que ele pode opor-se à realização da remissão. Depende, portanto, o credor, para ter eficácia na remissão, da aceitação do devedor (tal qual ocorre, por exemplo, na aceitação da doação por parte do donatário, em que o doador não tem o condão de, com a unilateralidade de vontade, realizar o contrato).

Por fim, valem os seguintes posicionamentos: A remissão é o perdão da dívida, aceito pelo devedor; é a renúncia do crédito pelo credor, que nada recebe do devedor em retribuição. É a remissão, como visto, verdadeira doação.[51] É a liberação graciosa do devedor pelo credor, que voluntariamente abre mão de seus direitos creditórios, com o escopo de extinguir a obrigação, mediante o consentimento expresso ou tácito do devedor, desde que não haja prejuízo a direitos de terceiros (art. 385 do CC[52]).[53]

Inclusive, ainda sobre o conteúdo do artigo 385 do CC, "além de sacramentar a bilateralidade do ato de remitir, também preserva expressamente o interesse de terceiros. Assim, por exemplo, o credor que deu a penhor seu crédito não pode vir a remiti-lo em prejuízo do credor pignoratício".[54]

A remissão, em relação à conduta do credor, pode ser expressa, tácita ou presumida. Será expressa quando proveniente da declaração e manifestação de vontade direta do

---

[51] AZEVEDO, Álvaro Villaça. *Teoria geral das obrigações.* 10 ed. São Paulo: Editora Atlas, 2004, p. 210.

[52] Art. 385. A remissão da dívida, aceita pelo devedor, extingue a obrigação, mas sem prejuízo de terceiro.

[53] DINIZ, Maria Helena. *Curso de direito civil brasileiro.* Teoria geral das obrigações. Vol. II. 20 ed. São Paulo: Saraiva, 2004, p. 354.

[54] SILVA FILHO, Artur Marques da. Remissão. *In*: LOTUFO, Renan; NANNI, Giovanni Ettore (coordenadores). *Obrigações.* São Paulo: Editora Atlas, 2011, p. 535.

credor. Será tácita quando o credor praticar conduta incompatível com o crédito, desde que tal conduta expresse inequivocamente a intenção liberatória (ex. aceita e dá quitação recebendo quantia bem menor ou nem recebendo). Observe que a remissão tácita é diferente da simples inércia – o credor que não cobra a dívida não está remitindo a dívida, apenas deixando de exercer seu poder de coerção e/ou exigindo a coação estatal. A remissão também pode ser presumida, conforme exposto nos artigos 386 e 387 do CC.[55]

Haverá presunção de remissão quando ocorrer a entrega voluntária do título representativo da dívida pelo próprio credor ou seu representante com este poder ao devedor. Ou então podemos ter remissão de garantia de dívida, pela entrega do objeto empenhado, como, por exemplo, a devolução do objeto que havia sido dado em penhor para garantir o pagamento de um empréstimo bancário. Neste último não há extinção da dívida, mas somente da garantia.

Por fim, vejamos a questão da aplicação da remissão na solidariedade. O credor que remitir um devedor só pode exigir dos demais codevedores solidários o restante do crédito, deduzida a quota do remitido, permanecendo a solidariedade (artigos 388,[56] 277[57] e 262 do CC).[58]

---

[55] Art. 386. A devolução voluntária do título da obrigação, quando por escrito particular, prova desoneração do devedor e seus coobrigados, se o credor for capaz de alienar, e o devedor capaz de adquirir.
Art. 387. A restituição voluntária do objeto empenhado prova a renúncia do credor à garantia real, não a extinção da dívida.

[56] Art. 388. A remissão concedida a um dos codevedores extingue a dívida na parte a ele correspondente; de modo que, ainda reservando o credor a solidariedade contra os outros, já lhes não pode cobrar o débito sem dedução da parte remitida.

[57] Art. 277. O pagamento parcial feito por um dos devedores e a remissão por ele obtida não aproveitam aos outros devedores, senão até à concorrência da quantia paga ou relevada.

[58] Art. 262. Se um dos credores remitir a dívida, a obrigação não ficará extinta para com os outros; mas estes só a poderão exigir, descontada a quota do credor remitente.
Parágrafo único. O mesmo critério se observará no caso de transação, novação, compensação ou confusão.

Vistas as demais formas de extinção da obrigação, passemos ao estudo do inadimplemento ou inexecução das obrigações.

> **RESUMO**
>
> *Outras formas de pagamento* – Depois do estudo do pagamento como meio de extinção da obrigação passamos a estudar os outros meios de extinção, cada um com características próprias, principalmente:
>
> (a) dação em pagamento – quando o credor aceita receber outra prestação diferente daquela inicialmente pactuada;
>
> (b) consignação em pagamento – quando o credor encontra algum obstáculo que o impede de exercer seu direito de pagar;
>
> (c) imputação do pagamento – quando existe mais de um débito entre os mesmos sujeitos e se indica qual deles se paga naquele momento;
>
> (d) novação – quando se cria uma nova obrigação com o objetivo de extinguir e substituir a obrigação anterior;
>
> (e) compensação – quando existe reciprocidade de crédito entre sujeitos e se permite quitar simultaneamente as obrigações;
>
> (f) confusão – quando há impossibilidade de prestar em virtude da confusão que se opera entre os sujeitos da obrigação, ou seja, quando a mesma pessoa ocupa o polo ativo e o polo passivo da obrigação gerando confusão de sujeitos e patrimonial;
>
> (g) remissão – quando o credor libera o devedor, como ocorre com o perdão da dívida.

INADIMPLEMENTO E INEXECUÇÃO

Partindo do pressuposto da boa-fé do convívio social e das relações negociais ou contratuais, todos, credores e devedores, pretendem que as obrigações sejam cumpridas e extintas. Além do mais, as relações obrigacionais refletem diretamente na economia, na medida em que é a fonte da circulação da riqueza.

O adimplemento, como vimos, tem como efeito geral extinguir o vínculo obrigacional. Porém não é sempre isso que ocorre. Por vários motivos as partes podem não cumprir com suas obrigações, ingressando no campo do inadimplemento, ou seja, da inexecução das obrigações. Em linhas gerais esse é o ensinamento de Marcelo Benacchio:

> Diante disso, para a compreensão do inadimplemento em sentido amplo, importa o não atendimento do interesse do credor por força da não realização da prestação, seja a causa imputável ou não às partes na relação obrigacional; noutra quadra, em sentido estrito, o inadimplemento é qualificado pela circunstância de que a obrigação poderia ser normalmente cumprida, contudo, não o foi por causa imputável ao devedor (não efetivação da prestação) ou do credor (não recebimento da prestação).[1]

Então, a inexecução pode surgir por culpa do devedor que não entrega, por exemplo, a mercadoria no prazo combinado, ou então a inexecução pode advir de um efeito natural imprevisível, como um furacão que impede a fabricação da

---

[1] BENACCHIO, Marcelo. Inadimplemento das obrigações. *In*: LOTUFO, Renan; NANNI, Giovanni Ettore (coordenadores). *Obrigações*. São Paulo: Editora Atlas, 2011, p. 547.

máquina que deveria ser entregue. Há outros exemplos que veremos nesta parte do livro.

Esta situação social é chamada pelo professor Silvio de Salvo Venosa de crise no cumprimento da obrigação, ressaltando que o descumprimento de uma obrigação moral não permite que o devedor seja compelido a fazê-lo, mas o descumprimento de uma obrigação civil arma o credor com poderes coercitivos através do Estado, pois o descumprimento é um fator doentio da sociedade. Diz o autor:

> *Pacta sunt servanda*. Os pactos devem ser cumpridos. As obrigações surgem para ter existência mais ou menos efêmera, transitória, fugaz. Uma vez cumpridas exaurem seu papel no campo social, propiciando a circulação de riquezas, a criação de obras, a realização, por que não dizer, de sonhos e ideais.
> (...)
> Uma obrigação descumprida ou mal cumprida, ou cumprida com atraso, desempenha o papel de uma célula doente no organismo social; célula essa que pode contaminar vários órgãos.[2]

Nos dizeres do professor Orlando Gomes, verifica-se o inadimplemento, no sentido estreito do vocábulo, quando o devedor não cumpre a obrigação, voluntária ou involuntariamente.[3]

O Código de Processo Civil fornece ao credor (*accipiens*) os instrumentos processuais adequados, trazendo possibilidades cognitivas e satisfativas para o adimplemento das obrigações, sendo certo que as ações, em regra, serão con-

---

[2] Venosa, Silvio de Salvo. *Teoria geral das obrigações e teoria geral dos contratos*. 5 ed. São Paulo: Editora Atlas, 2005, p. 335.

[3] Gomes, Orlando. *Obrigações*. 16 ed. Rio de Janeiro: Forense, 2004, p. 169.

denatórias, executivas e, também, onde se inclui atualmente o procedimento monitório.[4]

Para uma melhor compreensão, o inadimplemento pode ser classificado em três espécies: o inadimplemento absoluto, o inadimplemento fortuito e o inadimplemento relativo.

O inadimplemento absoluto e o relativo são também chamados de inadimplemento culposo ou ainda inadimplemento voluntário, com a diferença de que no primeiro não há mero atraso, mas impossibilidade de prestar. A culpa do agente pode impossibilitar totalmente a prestação, como também pode apenas ocasionar o atraso, sanável. É possível afirmar, de antemão, que "nessas duas situações a sanção será a mesma, devendo o inadimplente responder por perdas e danos, para recompor o patrimônio do credor, lesado pelo descumprimento da obrigação",[5] com fundamento na culpa.

Ainda, quanto aos fatores classificatórios, podemos dizer que o inadimplemento, quanto à causa, será imputável ou não imputável ao devedor (ou seja, com culpa ou sem culpa); e, quanto aos efeitos, será definitivo (inadimplemento absoluto) e não definitivo (inadimplemento relativo).[6]

1. Inadimplemento absoluto

O inadimplemento absoluto decorre da impossibilidade culposa do cumprimento da obrigação.

---

[4] GIANULO, Wilson. *Novo código civil explicado e aplicado ao processo*. V. I. São Paulo: Jurídica Brasileira, 2003, p. 566-742.

[5] DINIZ, Maria Helena. *Curso de direito civil brasileiro*. Teoria geral das obrigações. Vol. II. 20 ed. São Paulo: Saraiva, 2004, p. 376.

[6] SILVA, Rafael Peteffi da. *Teoria do adimplemento e modalidades de inadimplemento atualizado pelo novo Código Civil*. Novo Código Civil – aspectos relevantes. São Paulo, n. 68, ano XXII, dezembro-2002, p. 144.

Neste caso, será impossível o cumprimento da prestação quando ela não foi cumprida com pontualidade, por culpa do devedor, e não mais poderá ser cumprida de forma útil ao credor. Ou seja, o fato do não cumprimento de forma pontual trouxe para o credor o desinteresse pelo cumprimento, não permitindo que o devedor possa cumprir como deveria.

Exemplo: Luiz Antônio contratou o serviço de um *Buffet* para a festa de seu casamento que se realizaria no dia 10 de dezembro deste ano. A empresa ficou de entregar e servir no local agendado, naquela data, mas porque não agendou corretamente o serviço, não compareceu no dia do casamento, deixando de cumprir com sua obrigação contratual. Aqui, há inadimplemento, e absoluto, pois decorre de culpa do devedor, e o atraso tornou inútil ao credor, que não terá interesse no serviço depois da data do casamento.

Portanto, haverá inadimplemento absoluto quando a obrigação não foi cumprida e não poderá ser de forma útil ao credor, por culpa do devedor. A impossibilidade é fator importantíssimo nessa configuração e ocorre quando existe obstáculo invencível ao cumprimento da obrigação, seja de ordem natural ou jurídica.[7]

O efeito do inadimplemento absoluto indica que o devedor deverá indenizar o prejuízo causado pela inexecução culposa, ou seja, pagar as perdas e danos, mais juros e atualização monetária segundo índices oficiais regularmente estabelecidos e, ainda, honorários de advogado (quando o credor tiver contratado esses serviços) – tal qual disposição do artigo 389 do CC.[8]

---

[7] SILVA, Rafael Peteffi da. *Teoria do adimplemento e modalidades de inadimplemento atualizado pelo novo Código Civil*. Novo Código Civil – aspectos relevantes. São Paulo, n. 68, ano XXII, dezembro-2002, p. 145.

[8] Art. 389. Não cumprida a obrigação, responde o devedor por perdas e danos, mais

Diz a doutrinadora Maria Helena Diniz que o artigo 389 do CC:

> (...) está admitindo o modo de inadimplemento voluntário absoluto que se dá se a obrigação não foi cumprida nem poderá sê-lo, e o credor não mais terá possibilidade de receber aquilo a que o devedor se obrigou, como, p. ex., no caso de ter havido perecimento do objeto devido por culpa deste.[9]

Nas obrigações positivas, de dar ou de fazer, verificar-se-á o inadimplemento absoluto quando não houver cumprimento da prestação no prazo estipulado e não houver mais interesse ou utilidade a prestação para o credor. Por outro lado, em se tratando de obrigações negativas, de não fazer, é inadimplente o devedor desde o momento em que praticou o ato que devia abster-se.

Inclusive, pelo artigo 391 do CC,[10] todos os bens do devedor, seu patrimônio, respondem por esses valores, sendo a garantia que o credor tem de ficar sem prejuízo, nem que seja necessária a execução judicial, coação estatal forçada, com penhora de bens etc.

Para finalizar, excelente é o resumo do professor Pedro Henrique de Miranda Rosa:

> A obrigação deve ser fielmente cumprida pelo pagamento ou outro modo de satisfação. Não o sendo,

---

juros e atualização monetária segundo índices oficiais regularmente estabelecidos, e honorários de advogado.

[9] DINIZ, Maria Helena. *Curso de direito civil brasileiro*. Teoria geral das obrigações. Vol. II. 20 ed. São Paulo: Saraiva, 2004, p. 375.

[10] Art. 391. Pelo inadimplemento das obrigações respondem todos os bens do devedor.

responderá sempre o devedor pelo dever de reparar o dano. Quando o descumprimento for absoluto, sofre o vínculo uma mudança total no seu objeto e, em lugar da prestação almejada, surge o direito à percepção de uma indenização.[11]

2. Inadimplemento fortuito

O inadimplemento absoluto decorre da culpa do devedor. O inadimplemento fortuito, ao contrário, é proveniente de fato não imputável ao devedor, ou seja, sem culpa. No dizer de Orlando Gomes, o adimplemento da obrigação pode ser obstado por fato não imputável ao devedor.[12]

Estará livre de indenizar o credor aquele devedor que demonstrar que seu inadimplemento decorre de uma causa que lhe não pode ser imputável.

Imaginemos o exemplo dos professores baianos: o sujeito se obrigou a prestar um serviço e, no dia convencionado, é vítima de um sequestro. Não poderá, em tal hipótese, em virtude de evento não imputável a sua vontade, cumprir a obrigação avençada.[13]

Neste caso, o devedor não responde pelos prejuízos resultantes de caso fortuito ou de força maior, se expressamente não houver por eles se responsabilizado. O caso fortuito ou de força maior verifica-se no fato necessário, cujos efeitos não eram possíveis evitar ou impedir (artigo 393 e seu parágrafo único do CC).[14]

---

[11] Rosa, Pedro Henrique de Miranda. *Parte geral e teoria geral das obrigações*. Rio de Janeiro: Renovar, 2003, p. 238.

[12] Gomes, Orlando. *Obrigações*. 16 ed. Rio de Janeiro: Forense, 2004, p. 172.

[13] Gagliano, Pablo Stolze; Pamplona Filho, Rodolfo. *Novo curso de direito civil*. Obrigações. 3 ed. São Paulo: Saraiva, 2003, p. 290.

[14] Art. 393. O devedor não responde pelos prejuízos resultantes de caso fortuito ou força maior, se expressamente não se houver por eles responsabilizado.

Existem controvérsias na doutrina sobre a real significação dos termos "caso fortuito" e "caso de força maior". Aliás, tanto o Código de 1916 como o de 2002, em regras específicas, condensou o significado das expressões em conceito único, consoante se depreende da análise dos artigos 393 e 1.058, respectivamente.[15] De qualquer forma o efeito perante as relações obrigacionais é o mesmo: extinção sem consequência para as partes.

O caso fortuito ou de força maior, evento não imputável ao devedor, exclui a responsabilidade do inadimplente pelas verbas decorrentes do inadimplemento absoluto. Ou seja, existe inadimplemento, com impossibilidade de prestar e/ou inutilidade para o credor de que se preste com atraso; contudo, não se aplicam as penalidades previstas para o inadimplemento absoluto.

Frise: as responsabilidades decorrentes do artigo 389 do CC só se aplicam ao inadimplemento absoluto ou, então, ao inadimplemento fortuito quando, neste último, o devedor houver se responsabilizado expressamente mesmo na ausência de sua culpa.

Assim, por exemplo, se o carro que deveria ser entregue pela loja vendedora for roubado, este fato exclui a culpa pela ausência da entrega, notadamente pela presença de inevitabilidade e imprevisibilidade da atitude criminosa que impediu o cumprimento da prestação.

O caso fortuito divide-se em fortuito humano e fortuito natural. O fortuito humano decorre de fato ou ato alheio à vontade das partes, ligado ao comportamento humano ou ao funcionamento da máquina, como, por exemplo, a greve, o motim, a queda de prédio, o defeito oculto de uma peça do

---

Parágrafo único. O caso fortuito ou de força maior verifica-se no fato necessário, cujos efeitos não era possível evitar ou impedir.

[15] GAGLIANO, Pablo Stolze; PAMPLONA FILHO, Rodolfo. *Novo curso de direito civil*. Obrigações. 3 ed. São Paulo: Saraiva, 2003, p. 292.

veículo etc. O fortuito natural, mais conhecido como motivo de força maior, decorre de acontecimentos externos ou fenômenos naturais, alheios à atuação humana, como, por exemplo, o raio, a tempestade etc. Em todos os casos os requisitos são a inevitabilidade e a imprevisibilidade.

Se um evento era previsível e/ou podia ser evitado, não há que se falar em aplicação do inadimplemento fortuito. Mas, configurado este, exclui a responsabilidade do devedor perante o credor.

Vale considerar, ainda, que a dificuldade de prestar não se apresenta como impossibilidade de prestar (*difficultas prestandi*). A impossibilidade apresenta-se quando existe obstáculo invencível ao cumprimento da obrigação, pois a obrigação que se apresenta simplesmente mais onerosa ou excessivamente difícil não libera o devedor.[16]

Esse é o resumo do professor Marcelo Benacchio:

> Portanto, o caso fortuito ou força maior tem por consequência e exclusão da responsabilidade do devedor pelo inadimplemento ante a ausência de nexo entre o ato prometido e a causa de seu não cumprimento; o efeito liberatório do devedor decorre da exclusão da relação de causalidade, pois o inadimplemento é proveniente de fato inevitável externo e não do comportamento da alçada do devedor (culposo ou não).[17]

Concluímos que *apenas o inadimplemento absoluto com fundamento na culpa do devedor impõe o dever de indenizar (pagar as perdas e danos), gerando, por conseguinte, para o*

---

[16] SILVA, Rafael Peteffi da. *Teoria do adimplemento e modalidades de inadimplemento atualizado pelo novo Código Civil.* Novo Código Civil – aspectos relevantes. São Paulo, n. 68, ano XXII, dezembro-2002, p. 145.

[17] BENACCHIO, Marcelo. Inadimplemento das obrigações. *In*: LOTUFO, Renan; NANNI, Giovanni Ettore (coordenadores). *Obrigações.* São Paulo: Editora Atlas, 2011, p. 564.

devedor inadimplente, a responsabilidade civil por seu comportamento ilícito.[18]

3. Inadimplemento relativo e mora

Ao lado do inadimplemento absoluto e do fortuito temos um terceiro que é o relativo. Ocorrerá este quando o devedor, por irregularidade ou retardamento culposo seu, deixa de cumprir com a obrigação sem, contudo, retirar a possibilidade de prestar e/ou a utilidade ou o interesse do credor no cumprimento da obrigação (artigo 394 e 396 do CC).[19]

A diferença entre a situação de inadimplemento absoluto e a situação da mora é ilustrada pelo professor Carlos Roberto Gonçalves:

> Diz-se que há mora quando a obrigação não foi cumprida no tempo, lugar e forma convencionados ou estabelecidos pela lei, mas ainda poderá sê-lo, com proveito para o credor. Ainda interessa a este receber a prestação, acrescida dos juros, atualização dos valores monetários, cláusula penal etc. (CC, arts. 394 e 395).
> Se, no entanto, a prestação, por causa do retardamento ou do imperfeito cumprimento, tornar-se inútil ao credor, a hipótese será de inadimplemento absoluto, e este poderá enjeitá-la, bem como exigir a satisfação das perdas e danos (CC, art. 395, parágrafo único). Embora os dois institutos sejam espécies do gênero inadimplemento, ou inexecução das obrigações, diferem no ponto referente à existência ou não, ainda, de utilidade ou proveito ao credor. Havendo, a

---

[18] GAGLIANO, Pablo Stolze; PAMPLONA FILHO, Rodolfo. *Novo curso de direito civil*. Obrigações. 3 ed. São Paulo: Saraiva, 2003, p. 293.

[19] Art. 394. Considera-se em mora o devedor que não efetuar o pagamento e o credor que não quiser recebê-lo no tempo, lugar e forma que a lei ou a convenção estabelecer. Art. 396. Não havendo fato ou omissão imputável ao devedor, não incorre este em mora.

hipótese será de mora; não havendo, será de inadimplemento absoluto.[20]

Diz-se que o inadimplente relativo está em mora, ou seja, em atraso sanável, que pode ser afastado por atitude do próprio devedor, cumprindo com atraso e acréscimos a sua obrigação. Ensina o professor Marcelo Benacchio:

> Diversamente do inadimplemento absoluto, no inadimplemento relativo ou mora não há o traço característico da irrecuperabilidade da prestação, pois, apesar da não realização no tempo, lugar e forma, há a possibilidade do cumprimento da prestação porque ainda útil ao credor.[21]

A prestação, no inadimplemento relativo, continua sendo possível de ser prestada, com utilidade e interesse para o credor, sendo certo que o devedor poderá cumprir, mesmo que com atraso, porém acrescida de juros, atualização monetária, multa contratual quando houver previsão e honorários de advogado (conforme artigo 395 do CC).[22]

A mora, portanto, ocorre diante do inadimplemento relativo, sendo possível prestar e de interesse e utilidade para o credor a devida prestação. Mora é o atraso culposo, porém, sanável. Remanesce interesse do credor que seja adimplida a prestação, sem prejuízo de exigir uma compensação pelo atraso.[23]

---

[20] GONÇALVES, Carlos Roberto. *Direito civil brasileiro*. V. II. Teoria geral das obrigações. São Paulo: Saraiva, 2004, p. 357.

[21] BENACCHIO, Marcelo. Inadimplemento das obrigações. *In*: LOTUFO, Renan; NANNI, Giovanni Ettore (coordenadores). *Obrigações*. São Paulo: Editora Atlas, 2011, p. 553.

[22] Art. 395. Responde o devedor pelos prejuízos a que sua mora der causa, mais juros, atualização dos valores monetários segundo índices oficiais regularmente estabelecidos, e honorários de advogado.
Parágrafo único. Se a prestação, devido à mora, tornar-se inútil ao credor, este poderá enjeitá-la e exigir a satisfação das perdas e danos.

[23] GAGLIANO, Pablo Stolze; PAMPLONA FILHO, Rodolfo. *Novo curso de direito civil*. Obrigações. 3 ed. São Paulo: Saraiva, 2003, p. 295.

Vale também considerar o apontamento do artigo 396 do CC que diz: "não havendo fato ou omissão imputável ao devedor, não incorre este em mora".

A mora pode ser tanto do credor quanto do devedor. A mora *solvendi*, ou mora de pagar, é a mora do devedor. A mora *accipiendi*, ou mora de receber, é do credor. Realmente, pela dicção do artigo 394 do CC, tanto um como outro podem entrar em mora na relação obrigacional.

A **mora do devedor** pode ter início de diferentes formas: (a) nas obrigações positivas e líquidas com vencimento, logo após o vencimento; (b) nas obrigações negativas, desde o momento em que executou o ato; (c) nas decorrentes de ato ilícito, no momento da prática do ato danoso.

Nestas três primeiras hipóteses encontramos a chamada mora *ex re*, que se inicia de imediato, de pleno direito, sem a necessidade de qualquer ato a ser praticado pelo credor.

Mas, de outra forma, a mora terá início: (d) nas obrigações condicionais, após a prova do implemento da condição; e (e) nas obrigações sem vencimento, após a interpelação extrajudicial ou judicial do devedor pelo credor.

Nestas duas últimas hipóteses encontramos a mora *ex persona*, pois exige, para sua verificação, uma atitude do credor perante o devedor, ao provar o implemento ou a interpelar.

Vejamos como caiu:

(OAB/RJ – 32º Exame de Ordem) – Assinale a opção correta.

(a) A constituição do devedor em mora depende sempre de interpelação judicial ou extrajudicial promovida pelo credor.

(b) Nas obrigações decorrentes de ato ilícito, a mora se inicia com o ajuizamento de ação indenizatória.

(c) Nas obrigações líquidas, para cujo pagamento se estabeleceu prazo certo, o devedor fica automaticamente constituído em mora, se não entregar a prestação até o termo final.
(d) O devedor em mora responde sempre pela impossibilidade da prestação, ainda que tal impossibilidade resulte de caso fortuito ou de força maior.

Resposta: C

Dessas considerações, podemos extrair três elementos essenciais à configuração da mora do devedor: i) exigibilidade da prestação (que ocorrerá, respectivamente, com o vencimento, com a prática do ato negativo, com a prática do ato danoso, com a prova do implemento da condição e com a interpelação); ii) inexecução culposa, pois o devedor deve ser inadimplente relativo. Note que para a mora *ex persona* exige-se a prática do ato pelo credor, quando, só então, teremos o início da mora.

A mora, ou seja, o atraso sanável, traz como consequência os seguintes efeitos: responsabilidade por todos os prejuízos causados, ou seja, perdas e danos, além do acréscimo de juros, atualização monetária, honorários advocatícios, bem como multa contratual quando o caso (artigo 395 do CC). Devemos observar também que, se acaso, o credor optar por não receber a prestação, por lhe faltar utilidade em razão da mora, o inadimplemento será absoluto, podendo ele exigir as perdas e danos, conforme o parágrafo único do artigo 395 do CC.

Vale ressaltar que se a prestação se tornar impossível durante a mora, continua o devedor respondendo, independentemente de culpa, mesmo com a ocorrência de caso fortuito ou de força maior, salvo se o devedor provar isenção de culpa no atraso, ou que o dano se verificaria ainda quando a obrigação fosse oportunamente desempenhada (artigo 399 do CC).[24]

---

[24] Art. 399. O devedor em mora responde pela impossibilidade da prestação, embora essa impossibilidade resulte de caso fortuito ou de força maior, se estes ocorrerem durante o atraso; salvo se provar isenção de culpa, ou que o dano sobreviria ainda quando a obrigação fosse oportunamente desempenhada.

Assim, por exemplo, o devedor da entrega de um objeto em data certa, estando inadimplente, responde pelo perecimento do objeto, mesmo que decorrente de uma tempestade, pois a partir do momento em que ele está em atraso aumenta sua responsabilidade pela guarda e conservação da coisa. Só não ficará responsável se provar que o atraso não é culposo ou que o dano sobreviria mesmo já tendo sido o objeto devidamente entregue ao credor, porque a tempestade atingiu também a residência do credor, destruindo-a, o que demonstra que se tivesse recebido a coisa tal se estragaria com a mesma tempestade. Mas tal ônus probatório é do devedor.

O atraso de receber, ou **mora do credor**, configura-se, por analogia, quando ele não vem ou não quiser receber no tempo, lugar e forma que a lei ou a convenção estabelecer. Vejamos o exemplo de Sílvio Rodrigues:

> A mora do credor (mora *accipiendi*) se dá quando este, sem justa causa, se recusa a receber o pagamento. Assim, por exemplo, ocorre a mora *accipiendi* quando o compromitente vendedor repele a prestação oferecida pelo comprador, sob alegação de se haver desavindo com seu sócio. Tal razão não justifica comportamento semelhante e caracteriza a mora.[25]

O devedor, mesmo estando em mora o credor, continua obrigado a prestar e a conservar a coisa, contudo, só responderá pelo perecimento da coisa se agir com dolo, ficando isento de responsabilidade nos casos de culpa.

São requisitos da mora do credor: i) a exigibilidade da prestação; ii) a recusa injustificada; iii) a constituição em mora através da consignação em pagamento. Portanto, a obrigação deve ser exigível e deve ter ocorrido culpa do credor na

---

[25] RODRIGUES, Silvio. *Direito Civil*. V. II. Parte geral das obrigações. 30 ed. São Paulo: Saraiva, 2002, p. 244.

não possibilidade de solvência da dívida, bem como para ter efetivo início, o credor deve ter sido constituído em mora, por ato do devedor, estudado alhures, qual seja, a consignação em pagamento. Enquanto não presentes os requisitos, o credor não está em mora. Mas a partir de sua mora deverá suportar os efeitos do artigo 400 do CC.[26]

Pelo CC o credor moroso deverá ressarcir o devedor das despesas para conservação da coisa e deverá receber a coisa pela condição mais favorável ao devedor no momento da entrega.

Assim, por exemplo, se um vendedor se obriga a entregar um cavalo para o comprador em vencimento certo e o comprador não comparece como combinado, poderá o devedor consignar em pagamento a prestação, iniciando a mora do credor, bem como terá direito a ser ressarcido com as despesas de conservação do animal (remédios, baia etc.) e, se o caso, terá direito de receber o valor acrescido da valorização do bem (exemplo: cavalo que se descobre filho de um vencedor de exposições).

Vimos que no inadimplemento relativo o atraso é sanável, pois havendo possibilidade de prestar e interesse útil ao credor, a prestação pode ainda ser realizada, mesmo que com atraso. Isso ocorre, por exemplo, quando estamos em atraso com o carnê de uma loja e pretendemos pagar dias depois do vencimento; a loja pretende receber e é possível pagar, pelo que será possível purgar a mora (de que são sinônimos os termos emenda ou reparação da mora).

Ensina Álvaro Villaça de Azevedo que "purgar a mora, em sentido jurídico, quer dizer sanar, purificar, limpar, fazer desaparecer o atraso verificado no cumprimento da obrigação".[27]

---

[26] Art. 400. A mora do credor subtrai o devedor isento de dolo à responsabilidade pela conservação da coisa, obriga o credor a ressarcir as despesas empregadas em conservá-la e sujeita-o a recebê-la pela estimação mais favorável ao devedor, se o seu valor oscilar entre o dia estabelecido para o pagamento e o da sua efetivação.

[27] AZEVEDO, Álvaro Villaça. *Teoria geral das obrigações*. 10 ed. São Paulo: Editora Atlas, 2004, p. 218.

A **purgação da mora** é o ato do credor ou do devedor moroso de neutralizar os efeitos de seu atraso, cumprindo com sua obrigação acrescida dos efeitos da mora (artigo 401 do CC).[28] O devedor purga a mora ao cumprir sua obrigação acrescida dos prejuízos decorrentes até o dia em que oferece o cumprimento. O credor purga a mora aceitando receber a prestação, bem como se sujeitando aos efeitos legais até a mesma data em que purga.

Vale ressaltar que o ato, por exemplo, do credor que remite os efeitos da mora, permitindo que o devedor pague sem os acréscimos legais, não se traduz em ato de purgação, não obstante também tenha como efeito a cessação da mora. Purgar é praticar o ato, com os acréscimos todos.

É também criteriosa a observação final de que em alguns momentos o inadimplemento relativo pode tornar-se absoluto, pelo que o primeiro não é imutável, ressaltando o aspecto do interesse da prestação para a pessoa do credor:

> A condição de inadimplemento relativo não é jamais estática e imutável, podendo transformar-se em inadimplemento absoluto. Assim, não apenas a impossibilidade definitiva, fática ou jurídica caracteriza o inadimplemento absoluto, mas também a prestação que ainda pode ser faticamente realizada pelo devedor, mas já não mais representa nenhuma utilidade pelo credor.[29]

Ressalta-se, ainda, que algumas leis especiais podem tratar de maneira específica da purgação da mora, como o faz o artigo 62 da Lei do Inquilinato (Lei n. 8.245 de 1991).

---

[28] Art. 401. Purga-se a mora:
I – por parte do devedor, oferecendo este a prestação mais a importância dos prejuízos decorrentes do dia da oferta;
II – por parte do credor, oferecendo-se este a receber o pagamento e sujeitando-se aos efeitos da mora até a mesma data.

[29] SILVA, Rafael Peteffi da. *Teoria do adimplemento e modalidades de inadimplemento atualizado pelo novo Código Civil*. Novo Código Civil – aspectos relevantes. São Paulo, n. 68, ano XXII, dezembro-2002, p. 147.

Ainda dentro do estudo do inadimplemento, é necessária a verificação de alguns conceitos finais, principalmente, no que concerne aos valores devidos em virtude dos acréscimos legais decorrentes do não cumprimento da prestação.

Os efeitos do inadimplemento que estudaremos são o pagamento das perdas e danos (artigos 402 até 405 do CC), dos juros e atualização monetária (artigos 406 e 407 do CC) e, quando previsto no contrato, da cláusula penal (artigos 408 até 416 do CC).

4. Perdas e danos

Não é difícil perceber que quando uma das partes de uma relação obrigacional não cumpre com suas obrigações, certamente, causará danos ao patrimônio da outra.

Assim, por exemplo, quando o vendedor não entrega a mercadoria ou ainda quando o vendedor entrega, contudo, o produto apresenta um defeito e impede que o comprador dele se utilize, ou então, quando o produto entregue apresenta um defeito que ocasiona um incêndio e causa vários danos ao comprador etc. São vários os exemplos.

Realmente, imagine que uma pessoa compra um computador para utilizar na realização de um serviço para o qual foi contratada e, como não é entregue o aparelho em tempo oportuno e tendo ocorrido atraso por parte do vendedor, o comprador, para não perder o negócio, aluga outro aparelho. Certamente, o valor do aluguel, prejuízo ao comprador, deve ser suportado pelo vendedor, pois tal ocorreu em virtude de seu inadimplemento.

O atraso na entrega do serviço de um *Buffet* numa festa de casamento trará danos ao contratante dos serviços, inclusive, danos de ordem material, como também de ordem moral, pela situação a que ficou exposto em virtude do ocorrido e por conta do inadimplemento da empresa contratada.

Esses prejuízos devem ser reparados; portanto, sempre que o inadimplemento fizer surgir um prejuízo no patrimônio de uma das partes, será exigível a reparação do patrimônio do prejudicado, através do que chamamos de indenização por perdas e danos.

Em linhas gerais,

> A locução empregada pela lei civil se desdobra em sinonímia, uma vez que perdas e danos acabam por designar ideias semelhantes de diminuição. Perda é aquilo que se deixou de ter, e dano, aquilo que se deixou de ter em função de ação praticada ou comportamento atribuível àquele que praticou ato ou omitiu-se quando deveria agir, dando origem à diminuição do conjunto de bens jurídicos subjetivos do lesado.
> De outra parte, a ideia de dano ou de perda designa, na legislação brasileira, a diminuição do conjunto de bens juridicamente protegidos, o que equivale ao dano tanto moral – que se consubstancia em sofrimento causado pelo ato ou omissão perpetrados contra a esfera jurídica do paciente – e patrimonial – tudo o que for apreciável ou reduzível à pecúnia além do que se deixou de lucrar.[30]

Logicamente, excluída estará a obrigação de pagar perdas e danos em se verificando a ocorrência do inadimplemento fortuito, tal qual vimos em tópico anterior. Entretanto, no inadimplemento absoluto e/ou no relativo sempre será possível buscar o ressarcimento dos prejuízos ocasionados pela impossibilidade de prestar ou pelo atraso na prestação.

---

[30] GIANULO, Wilson. *Novo código civil explicado e aplicado ao processo*. V. I. São Paulo: Jurídica Brasileira, 2003, p. 587.

Assim, após as linhas gerais citadas acima, é preciso compreender o que se pretende informar quando utilizamos o termo perdas e danos, notadamente, resposta moldada na doutrina e na jurisprudência.

O dano pode ser de dois tipos: o dano patrimonial e o dano extrapatrimonial. Há diversas outras denominações, como o dano material e o dano imaterial ou moral. A primeira espécie de dano está relacionada com o prejuízo que o inadimplemento traz efetivamente no patrimônio do sujeito da obrigação. A segunda está relacionada com a agressão aos direitos da personalidade, inerentes ao ser humano, como a honra, a imagem, o sofrimento, a angústia, o abalo psicológico etc. Portanto, dano é toda desvantagem ou prejuízos que experimentamos ou que suportamos em nossos bens jurídicos: patrimônio, corpo, vida, saúde, integridade física, honra etc. O tema relativo aos danos extrapatrimoniais será estudado no conteúdo sobre responsabilidade civil. Por enquanto, em virtude da melhor adequação do estudo ao direito das obrigações, aprofundaremos a visão sobre os danos patrimoniais.

O dano patrimonial, por sua vez, divide-se em danos emergentes e lucros cessantes. Segundo o artigo 402 do CC,[31] as perdas e danos abrangem o que a pessoa efetivamente perdeu (dano emergente) e o que razoavelmente deixou de lucrar (lucro cessante). A perda no patrimônio já existente representa, portanto, uma diminuição do patrimônio, que precisa ser reposto. Os lucros cessantes, por sua vez, representam algum valor econômico que a pessoa deixou de alcançar, quando deixou de fazer acrescer a seu patrimônio determinado valor, pelo que tem direito a ser indenizado caso tal tenha decorrido do inadimplemento.

---

[31] Art. 402. Salvo as exceções expressamente previstas em lei, as perdas e danos devidas ao credor abrangem, além do que ele efetivamente perdeu, o que razoavelmente deixou de lucrar.

O dano emergente está relacionado com o imediato prejuízo suportado no ato do inadimplemento, sendo certo que a legislação exige a prova efetiva da perda patrimonial, não dando lugar para qualquer presunção ou relatividade, mas exigindo a prova do efetivo dano, sem hipóteses ou danos futuros.

A melhor situação fática para representar o dano emergente está no acidente de trânsito: imagine que um taxista teve seu veículo abalroado por outro; a prática do ato ilícito é fonte da obrigação, pelo que o causador do dano está em mora, inclusive, *ex re*, desde o momento da prática do ato ilícito; sendo assim, observa-se dano emergente nas partes quebradas do veículo que precisarão ser reparadas e/ou substituídas por mão de obra e serviço a ser contratado; portanto, o valor que representar esses gastos é o que chamamos de danos emergentes, efetivamente o que o taxista perdeu com a batida.

Seguindo o mesmo exemplo podemos, desde então, responder que os lucros cessantes do taxista serão aqueles valores que ele deixar de auferir em virtude do acidente, ou seja, os dias de trabalho e as viagens que deixar de realizar porque seu veículo ficará impossibilitado até o final dos reparos. Os lucros cessantes são os valores que razoavelmente o taxista deixou de lucrar, imaginando-se o que ele lucraria caso o veículo estivesse disponível. Talvez a dificuldade seja chegar ao valor dos lucros cessantes, como, no exemplo, quantas viagens no futuro o taxista realizaria...

Segundo o Superior Tribunal de Justiça, em decisão proferida no acórdão do Recurso Especial 61512, de São Paulo, julgado em 1997, dizemos que, até prova em contrário, se admite que o credor receberia como vantagem aquilo que o bom senso indica que lucraria, existindo a presunção de fatos que se desenrolariam dentro do curso normal, tendo em vista os fatos antecedentes.

Sendo assim, pelo conteúdo do acórdão, percebe-se que os lucros cessantes são baseados nos fatos passados, imaginando-se o que ocorreria normalmente com o credor da indenização, calculando-se um valor com base no bom senso e na equidade, sem causar enriquecimento sem causa, mas protegendo o direito de ver acrescido a seu patrimônio o que razoavelmente deixou de lucrar em razão do evento danoso.

Outro exemplo característico é a empresa de ônibus que deixa de poder utilizar um de seus veículos em virtude de acidente e precisa ser ressarcida dos lucros cessantes que serão calculados à medida que se observa o que aquele veículo, empregado em determinada linha, lucrou, na média, nos últimos meses, para que se tenha uma ideia do que provavelmente lucraria se não estivesse estragado.

No artigo 403, o CC[32] adotou a teoria da causalidade direta, pela qual só são devidos valores a título de perdas e danos produzidos por efeito direto e imediato da conduta do devedor mesmo que decorrente de dolo deste.

Em complemento, diz o artigo 404 do CC[33] que, nas obrigações de pagamento em dinheiro, as perdas e danos serão pagos: com atualização monetária, juros, custas e honorários advocatícios, sem prejuízo, também, da multa contratual que porventura exista no contrato.

Isto porque os danos devem ser liquidados, ou seja, devem ser fixados em dinheiro e o código, no artigo citado, consagra o princípio de que as dívidas decorrentes do inadimplemento são dívidas de valor, e não de pecúnia certa, pelo que serão acrescidas daqueles fatores citados.[34]

---

[32] Art. 403. Ainda que a inexecução resulte de dolo do devedor, as perdas e danos só incluem os prejuízos efetivos e os lucros cessantes por efeito dela direto e imediato, sem prejuízo do disposto na lei processual.

[33] Art. 404. As perdas e danos, nas obrigações de pagamento em dinheiro, serão pagas com atualização monetária segundo índices oficiais regularmente estabelecidos, abrangendo juros, custas e honorários de advogado, sem prejuízo da pena convencional. Parágrafo único. Provado que os juros da mora não cobrem o prejuízo, e não havendo pena convencional, pode o juiz conceder ao credor indenização suplementar.

[34] Rosa, Pedro Henrique de Miranda. *Direito Civil*. Parte geral e teoria geral das obrigações. Rio de Janeiro: Renovar, 2003, p. 242.

E, ainda, caso os juros sejam insuficientes para cobrir os prejuízos suportados e, não havendo multa contratual, o juiz poderá conceder indenização suplementar.

Lembrando-se, também, de que o artigo seguinte do código esclarece um ponto importantíssimo que é o termo inicial da contagem dos juros, indicando que se conta desde a citação inicial no processo, e não desde o momento do inadimplemento, como poderia se imaginar.

Em conclusão, podemos dizer que a consequência preponderante da inexecução das obrigações é a reparação do dano, sendo que a responsabilidade no Direito Privado é calcada na culpa do agente (salvo o estudo da responsabilidade objetiva e da teoria do risco, ambos previstos no artigo 927 do Código Civil), ou seja, o devedor, em regra, só responde pelos prejuízos causados se agiu com culpa (imprudência ou negligência) e se no caso não tenha ocorrido caso fortuito ou de força maior.[35]

5. Juros e correção

Outra consequência advinda do inadimplemento é o pagamento dos juros. Os juros são o rendimento do capital, mas também representam o pagamento de uma quantia pela utilização do capital alheio. Podem ser juros remuneratórios (compensatórios ou juros-fruto) ou então juros moratórios (juros pelo atraso).

Realmente, surgem dessa maneira as duas espécies de juros: compensatórios e moratórios. Os primeiros são devidos

---

[35] DUNDES, Alessandra; AGUIRRE, João Ricardo Brandão. *Exame de Ordem* – teoria. Direito Civil. 2 ed. São Paulo: Quartier Latin, 2005, p. 419.

como compensação pelo uso do capital de outrem, os segundos pela mora, pelo atraso, em sua devolução.[36]

Segundo Maria Helena Diniz, os juros moratórios consistem na indenização pelo retardamento da execução do débito.[37]

Os juros compensatórios são devidos em virtude da tomada do capital alheio, como no empréstimo bancário. Não são destes que cuidaremos neste momento, mas sim dos juros devidos pelo inadimplente, quais sejam os juros moratórios.

Como diz Fábio Ulhoa Coelho: os juros devidos a título de consectário são os que o inadimplente deve à parte inocente da relação obrigacional como um dos desdobramentos da indenização.[38]

Esses juros moratórios, devidos na inadimplência, em virtude no atraso de entregar capital alheio, podem ser contratuais ou legais. Os primeiros são estabelecidos pelas partes no contrato; os segundos, fixados conforme critério legal, aplicando-se as mesmas taxas devidas para o caso de atraso no pagamento de tributos federais. Vejamos:

Os juros contratuais serão fixados livremente pelas partes, como, por exemplo, num contrato de fornecimento no qual se estipula que o pagamento das parcelas em atraso sofrerá um acréscimo de juros mensais de 5%.

Agora, se as partes não fixaram critério de mensuração dos juros, deve o inadimplente pagar juros sobre o valor em atraso no patamar indicado pela lei, qual seja, atualmente, a taxa SELIC (Sistema Especial de Liquidação e de Custódia) fixada pela Receita Federal, nos termos do artigo 406 do CC.[39]

---

[36] AZEVEDO, Álvaro Villaça. *Teoria geral das obrigações*. 10 ed. São Paulo: Editora Atlas, 2004, p. 234.

[37] DINIZ, Maria Helena. *Curso de direito civil brasileiro*. Teoria geral das obrigações. Vol. II. 20 ed. São Paulo: Saraiva, 2004, p. 390.

[38] COELHO, Fábio Ulhoa. *Curso de Direito Civil*. V. II. São Paulo: Saraiva, 2004, p. 183.

[39] Art. 406. Quando os juros moratórios não forem convencionados, ou o forem sem taxa estipulada, ou quando provierem de determinação da lei, serão fixados segundo a taxa que estiver em vigor para a mora do pagamento de impostos devidos à Fazenda Nacional.

No âmbito do direito privado, principalmente, nas relações contratuais, pelo mesmo artigo mencionado, fica proibida a capitalização dos juros, ou seja, a aplicação de juros sobre juros, vedando-se o anatocismo. Salvo, como previsto no artigo 591 do CC, que se realize a capitalização anual.

Vale, por fim, ressaltar que a cobrança dos juros moratórios (sejam contratuais ou legais) não dependem da prova ou mesmo da existência de prejuízo, bastando que ocorra o inadimplemento (artigo 407 do CC).[40] Inclusive, nem preciso é que o autor da ação judicial faça o pedido ou mesmo que a sentença o inclua na condenação, conforme a Súmula 254 do Supremo Tribunal Federal.[41]

O momento em que se inicia a contagem dos juros é outro fator relevante. O início está, via de regra, no começo do inadimplemento culposo, com as seguintes observações:

Nas obrigações a termo, a mora é do tipo *ex re*, independentemente da atuação do credor; portanto, contam-se os juros desde o vencimento, sem necessária comprovação ou alegação de prejuízo. E, nas obrigações sem vencimento, a mora se inicia com a citação inicial, pois esta, entre seus vários efeitos, tem o de constituir o devedor em mora (CPC, art. 219).[42] Nas obrigações decorrentes da responsabilidade extracontratual (ex. vítima de acidente de trânsito que tem direito à indenização), os juros correm desde a prática do evento danoso, conforme a Súmula 54 do Superior Tribunal de Justiça.[43]

Além dos juros moratórios o inadimplente arcará, ainda, com a correção monetária, com o objetivo de neutralizar a

---

[40] Art. 407. Ainda que se não alegue prejuízo, é obrigado o devedor aos juros da mora que se contarão assim às dívidas em dinheiro, como às prestações de outra natureza, uma vez que lhes esteja fixado o valor pecuniário por sentença judicial, arbitramento, ou acordo entre as partes.

[41] GONÇALVES, Carlos Roberto. *Direito civil brasileiro*. V. II. Teoria geral das obrigações. São Paulo: Saraiva, 2004, p. 380.

[42] RODRIGUES, Silvio. *Direito Civil*. V. II. Parte geral das obrigações. 30 ed. São Paulo: Saraiva, 2002, p. 259.

[43] GONÇALVES, Carlos Roberto. *Op. cit.*, p. 380.

perda do poder aquisitivo da moeda, decorrente da inflação, para recuperar, portanto, seu valor de compra. O governo federal e entidades criam índices percentuais que são aplicados sobre os valores para que se tenha o critério de correção monetária (por exemplo, IGP-M, IPC, INPC etc.). As partes, em um contrato, podem escolher qual índice a ser aplicado no caso de inadimplemento, porém estão proibidos de adotar a variação do salário mínimo, o ouro ou mesmo a variação cambial.

6. Cláusula penal

A cláusula penal é uma obrigação acessória assumida pelas partes, pela qual se estipula pena ou multa destinada a evitar o inadimplemento da obrigação principal. Funciona como um reforço ao pacto obrigacional, na medida em que as partes conhecem, de antemão, a pena para o caso do não cumprimento. É também chamada de pena convencional, multa contratual etc. Historicamente, a *stipulatio poenae* já revelava seu caráter punitivo.[44]

Pode-se dizer que é por meio do pacto acessório que se impõe uma pena àquele que inadimpliu, total ou parcialmente, a obrigação assumida.[45] Portanto, a cláusula penal tem como função intimidar as partes, servindo-se de meio de coerção, de caráter pedagógico, para estimular que o adimplemento ocorra com pontualidade. O professor Orlando Gomes aponta que a função única da cláusula penal é prefixar perdas e

---

[44] Rosa, Pedro Henrique de Miranda. *Direito Civil.* Parte geral e teoria geral das obrigações. Rio de Janeiro: Renovar, 2003, p. 251.02/13

[45] Arai, Rubens Hideo. Cláusula penal. *In:* Lotufo, Renan; Nanni, Giovanni Ettore (coordenadores). *Obrigações.* São Paulo: Editora Atlas, 2011, p. 732.

danos e que o efeito intimidativo é meramente acidental.[46] Atualmente, a doutrina reconhece essa dupla função: coercitiva e indenizatória.

> A cláusula penal tem duas funções: (a) coercitiva, ou de garantia, ou de reforço do negócio jurídico principal, pois visa compelir o devedor a cumprir a obrigação assumida e, com isso, não sofrerá a multa; e (b) como prefixação das perdas e danos oriundos do inadimplemento, total ou parcial, do contrato.[47]

A cláusula penal também serve como prefixação das perdas e danos. Aquela parte prejudicada pelo inadimplemento conhece um acréscimo que poderá ser exigido do inadimplente, com valor estipulado antecipadamente e que não precisa ser provado, como precisam ser provados as perdas e danos.

Vale o comentário prático de Silvio de Salvo Venosa:

> O instituto é utilizado com extrema frequência nos contratos. Num contrato de locação, por exemplo, estipula-se multa, caso o locatário pague o aluguel após um dia do mês fixado. É comum as partes camuflarem a cláusula penal, estipulando-a ao avesso, isto é, no contrato de locação, fixam um desconto, caso o devedor pague até determinado dia, rezando a avença que o preço do aluguel é outro, mais elevado. Trata-se de verdadeira multa moratória.[48]

Para a exigência da cláusula penal, que é um *plus* acrescido à obrigação principal, basta que se realize a prova do ina-

---

[46] GOMES, Orlando. *Obrigações*. 16 ed. Rio de Janeiro: Forense, 2004, p. 186.

[47] ARAI, Rubens Hideo. *Op. cit.*, p. 737.

[48] VENOSA, Silvio de Salvo. *Teoria geral das obrigações e teoria geral dos contratos*. 5 ed. São Paulo: Editora Atlas, 2005, p. 368.

dimplemento, não necessitando de prova do prejuízo (artigo 408 do CC).[49]

O código classifica as cláusulas penais em compensatórias (que se refere à inexecução completa da obrigação) e moratórias (que se referem à inexecução de alguma cláusula em especial ou simplesmente à mora).

Sendo assim, o código permite que as partes estipulem cláusula penal para o caso de total inadimplemento da obrigação, chamada de cláusula penal compensatória. Neste caso, o credor poderá optar entre exigir a prestação ou exigir o valor da cláusula penal, alternativamente (artigo 410 do CC).[50]

A alternativa é do credor:

> Portanto, não pode o devedor eximir-se da obrigação entregando a importância da cláusula penal. Ao credor é que compete, em face do inadimplemento do contrato, a escolha entre exigir a prestação (se isso for possível), pleitear as perdas e danos, ou preferir a importância convencionada.[51]

Ao lado das compensatórias existem as cláusulas penais moratórias. O código permite que as partes estipulem essas últimas para o caso de mora, visando estimular o cumprimento da obrigação, podendo, neste caso, ser cobrada conjuntamente com a obrigação principal (artigo 411 do CC).[52]

---

[49] Art. 408. Incorre de pleno direito o devedor na cláusula penal, desde que, culposamente, deixe de cumprir a obrigação ou se constitua em mora.
Art. 409. A cláusula penal estipulada conjuntamente com a obrigação, ou em ato posterior, pode referir-se à inexecução completa da obrigação, à de alguma cláusula especial ou simplesmente à mora.

[50] Art. 410. Quando se estipular a cláusula penal para o caso de total inadimplemento da obrigação, esta converter-se-á em alternativa a benefício do credor.

[51] RODRIGUES, Silvio. *Direito Civil*. V. II. Parte geral das obrigações. 30 ed. São Paulo: Saraiva, 2002, p. 268.

[52] Art. 411. Quando se estipular a cláusula penal para o caso de mora, ou em segurança especial de outra cláusula determinada, terá o credor o arbítrio de exigir a satisfação da pena cominada, juntamente com o desempenho da obrigação principal.

Vale o comentário da doutrina:

> Como, neste caso, o valor da pena convencional costuma ser reduzido, o credor poderá cobrá-la, cumulativamente, com a prestação não satisfeita. É bastante comum devedores atrasarem o pagamento de determinada prestação e serem posteriormente cobrados pelo credor, que exige o valor da multa contratual (em geral, no montante de 10 ou 20% do valor cobrado), mais o da prestação não paga.[53]

E ainda,

> No mesmo exemplo do contrato de locação, geralmente são encontradas as duas formas tradicionais de cláusula penal: a moratória, já acenada, e a compensatória, quando se estipula uma multa, no caso de infringência de qualquer das cláusulas do contrato, como, por exemplo, desvio de uso do imóvel ou da coisa em geral, resolução antecipada etc.[54]

O código limita o valor a ser aplicado na elaboração da cláusula penal, que não poderá exceder o valor da obrigação principal, nos termos do artigo 412 do CC.[55] No mesmo sentido, existem limites especiais para a adoção da cláusula penal, como é o caso, por exemplo, da multa por atraso na parcela do rateio de condomínio (fixada em no máximo 2%

---

[53] GONÇALVES, Carlos Roberto. *Direito civil brasileiro*. V. II. Teoria geral das obrigações. São Paulo: Saraiva, 2004, p. 388.

[54] VENOSA, Silvio de Salvo. *Teoria geral das obrigações e teoria geral dos contratos*. 5 ed. São Paulo: Editora Atlas, 2005, p. 368.

[55] Art. 412. O valor da cominação imposta na cláusula penal não pode exceder o da obrigação principal.

pelo artigo 1.336 do CC)[56] e do disposto no artigo 52 do Código de Defesa do Consumidor.

Por critério de equidade e para evitar o enriquecimento sem causa, o código ressalva que deverá a multa ser reduzida proporcionalmente quando a prestação tiver sido parcialmente cumprida ou quando o montante da penalidade for manifestamente excessivo, tendo-se em vista a naturaza e a finalidade do negócio. É uma hipótese de redução da multa a ser avaliada pelo juiz, nos termos do artigo 413 do CC.[57]

Outro ponto importante destaca-se na doutrina:

> Assim, se a pena convencional é de R$ 1.000,00, mas meu prejuízo foi de R$ 1.500,00, só poderei exigir o valor a maior se houver previsão contratual neste sentido. A norma legal pretendeu, em tal hipótese, imprimir maior seriedade e segurança à estipulação da pena convencional.[58]

---

[56] Art. 1.336. São deveres do condômino:
I – contribuir para as despesas do condomínio na proporção das suas frações ideais, salvo disposição em contrário na convenção;
II – não realizar obras que comprometam a segurança da edificação;
III – não alterar a forma e a cor da fachada, das partes e esquadrias externas;
IV – dar às suas partes a mesma destinação que tem a edificação, e não as utilizar de maneira prejudicial ao sossego, salubridade e segurança dos possuidores, ou aos bons costumes.
§ 1º O condômino que não pagar a sua contribuição ficará sujeito aos juros moratórios convencionados ou, não sendo previstos, os de um por cento ao mês e multa de até dois por cento sobre o débito.
§ 2º O condômino, que não cumprir qualquer dos deveres estabelecidos nos incisos II a IV, pagará a multa prevista no ato constitutivo ou na convenção, não podendo ela ser superior a cinco vezes o valor de suas contribuições mensais, independentemente das perdas e danos que se apurarem; não havendo disposição expressa, caberá à assembleia geral, por dois terços no mínimo dos condôminos restantes, deliberar sobre a cobrança da multa.

[57] Art. 413. A penalidade deve ser reduzida equitativamente pelo juiz se a obrigação principal tiver sido cumprida em parte, ou se o montante da penalidade for manifestamente excessivo, tendo-se em vista a natureza e a finalidade do negócio.

[58] GAGLIANO, Pablo Stolze; PAMPLONA FILHO, Rodolfo. *Novo curso de direito civil*. Obrigações. 3 ed. São Paulo: Saraiva, 2003, p. 344.

Realmente, as partes poderão ainda estipular no contrato que o valor da cláusula penal não esgota o direito do prejudicado pelo inadimplemento. Ou seja, poderão prever que o prejudicado terá direito de exigir uma indenização suplementar (artigo 416 do CC).[59] Portanto, se estiver permitida a indenização suplementar, o valor apontado na cláusula penal será o mínimo da indenização. Mas o valor suplementar, a título de perdas e danos, deverá ser comprovado.

Vejamos como caiu:

> (OAB/MG – Exame de Ordem) – Quanto à cláusula penal, é INCORRETO dizer que:
> (a) pode referir-se à inexecução de alguma cláusula especial;
> (b) deverá sempre ser estipulada conjuntamente com a obrigação, não se admitindo estipulação posterior;
> (c) não pode impor cominação de valor superior ao da obrigação principal;
> (d) a pena estipulada para o caso de inadimplemento poderá ser proporcionalmente reduzida pelo juiz quando se cumprir em parte a obrigação.
> Resposta: B
> (2ª Fase Exame OAB 2010.2 – Questão 5) – Marlon, famoso jogador de futebol, é contratado para ser o garoto propaganda da Guaraluz, fabricante de guaraná natural. O contrato de prestação de serviços tem prazo de três anos, fixando-se uma remuneração anual de R$ 50.000,00. Contém, além disso, cláusula de exclusividade, que impede Marlon de atuar como garoto propaganda de qualquer con-

---

[59] Art. 416. Para exigir a pena convencional, não é necessário que o credor alegue prejuízo. Parágrafo único. Ainda que o prejuízo exceda ao previsto na cláusula penal, não pode o credor exigir indenização suplementar se assim não foi convencionado. Se o tiver sido, a pena vale como mínimo da indenização, competindo ao credor provar o prejuízo excedente.

corrente da Guaraluz, e cláusula que estippula o valor de R$ 10.000,00 para o descumprimento contratual, não prevendo direito a indenização suplementar. Durante o primeiro ano de vigência do contrato, Marlon recebe proposta para se tornar garoto propaganda da Guaratudo, sociedade do mesmo ramo da Guaraluz, que oferece expressamente o "dobro do valor anual pago pela 'concorrente'". Marlon aceita a proposta da Guaratudo, descumprindo a cláusula de exclusividade contida no seu contrato anterior. Pelo descumprimento, Marlon paga à Guaraluz o montante de R$ 10.000,00, estipulado.

Como advogado consultado pela Guaraluz, responda:

I. Se o prejuízo da Guaraluz for superior a R$ 10.000,00, será possível obter, de Marlon, judicialmente, a reparação integral do dano sofrido?

II. Além do valor pago por Marlon, a Guaraluz tem direito a receber alguma indenização por parte da Guaratudo?

RESUMO

Inadimplemento – Analisamos a hipótese possível de não ocorrer o pagamento, sobretudo para conhecermos os seus efeitos. O inadimplemento ou a inexecução da obrigação classifica-se como:

(a) inadimplemento absoluto (impossibilidade de prestar decorrente da culpa do devedor seja pela impossibilidade fática de prestar, seja pela falta de interesse do credor em receber a prestação);

(b) inadimplemento fortuito (impossibilidade de prestar decorrente do caso fortuito e da força maior, sem culpa do devedor); e

(c) inadimplemento relativo (hipótese da mora, quando é possível sanar o atraso, porque é faticamente possível prestar e porque existe interesse do credor).

Realmente, mesmo quando do atraso, havendo interesse na prestação pelo credor, bem como possibilidade de prestar pelo devedor, estaremos diante da mora. Esta, por sua vez, é mora *accipiendi* ou *solvendi*.

Diante da mora o culpado responde por perdas e danos, juros, correção monetária, honorários advocatícios e cláusula penal, se o caso.

E, para efetivamente afastar os efeitos do atraso, deverá purgar a mora, ou seja, deverá cumprir com a prestação acrescida dos referidos efeitos do atraso.

REFERÊNCIAS BIBLIOGRÁFICAS

AZEVEDO, Álvaro Villaça. *Teoria geral das obrigações*. 10 ed. São Paulo: Editora Atlas, 2004.

CHACON, Luis Fernando Rabelo. A liberdade pessoal do devedor e a execução da obrigação de fazer infungível. *In: Revista Nacional de Direito e Jurisprudência*. Vol. 61, ano 06. Ribeirão Preto: Nacional de Direito, janeiro de 2005, p. 69-77.

COELHO, Fábio Ulhoa. *Curso de Direito Civil*. Vol. II. São Paulo: Saraiva, 2004.

DINIZ, Maria Helena. *Curso de direito civil brasileiro*. Teoria geral das obrigações. Vol. II. 20 ed. São Paulo: Saraiva, 2004.02/13

DUNDES, Alessandra; AGUIRRE, João Ricardo Brandão. *Exame de Ordem* – teoria. Direito Civil. 2 ed. São Paulo: Quartier Latin, 2005, p. 389-470.

GAGLIANO, Pablo Stolze; PAMPLONA Filho, Rodolfo. *Novo curso de direito civil*. Obrigações. 3 ed. São Paulo: Saraiva, 2003.

GIANULO, Wilson. *Novo código civil explicado e aplicado ao processo*. Vol. I. São Paulo: Jurídica Brasileira, 2003.

GOMES, Orlando. *Obrigações*. 16 ed. atualizada por Edvaldo Brito. Rio de Janeiro: Forense, 2004.

GONÇALVES, Carlos Roberto. *Direito civil brasileiro*. Vol. II. Teoria geral das obrigações. São Paulo: Saraiva, 2004.

LOTUFO, Renan; NANNI, Giovanni Ettore (coordenadores). *Obrigações*. São Paulo: Atlas, 2011.

NERY JUNIOR, Nelson; NERY, Rosa Maria de Andrade. *Novo Código Civil e legislação extravagante anotados*. São Paulo: RT, 2002.

Rampazzo, Lino. *Metodologia científica*. 2 ed. São Paulo: Loyola, 2004.

Reale, Miguel. *Lições preliminares de direito*. 27 ed. São Paulo: Saraiva, 2003.

Rodrigues, Silvio. *Direito Civil*. Vol. II. Parte geral das obrigações. 30 ed. São Paulo: Saraiva, 2002.

Rosa, Pedro Henrique de Miranda. *Direito Civil*. Parte geral e teoria geral das obrigações. Rio de Janeiro: Renovar, 2003.
Silva, Rafael Peteffi da. *Teoria do adimplemento e modalidades de inadimplemento atualizado pelo novo Código Civil*. Novo Código Civil – aspectos relevantes. São Paulo, n. 68, ano XXII, p. 135-153, dezembro-2002.

Tartuce, Fernanda; Sartori, Fernando. *Como se preparar para o exame de ordem*. 1ª Fase – Civil. São Paulo: Método, 2004.

Venosa, Silvio de Salvo. *Direito Civil*. Teoria geral das obrigações e teoria geral dos contratos. 5 ed. Vol. II. São Paulo: Editora Atlas, 2005.

Esta obra foi composta em sistema CTcP
Capa: Supremo 250 g - Miolo: Pólen Soft 80 g
Impressão e acabamento
Gráfica e Editora Santuário